Trennkost

Die 50 besten Trennkostrezepte für Berufstätige und Singles

Das kleine 1x1 der Trennkost nach Dr. Hay auf einen Blick

Einfache und schmackhafte Rezepte

Praktische Tips für den Einkauf und die Zubereitung

Südwest *kompakt*

Inhalt

Naturbelassene Nahrungsmittel der Saison führen zu dauerhafter Gewichtsreduzierung, Gesundheit und mehr Vitalität.

Das Prinzip der Trennkost

Dr. Hay's Erkenntnisse

Hektik und Stress bestimmen unser Leben und wirken sich negativ auf unser Wohlbefinden aus. Wer sich zusätzlich noch falsch ernährt, befindet sich bald in einem Kreislauf, aus dem es kein Herauskommen mehr gibt. Übergewicht sowie der Mangel an bestimmten Vitaminen und Mineralstoffen sind die ersten Warnsignale des Körpers. Signale, die man ernst nehmen sollte. Was tun? Darauf gibt es nur eine Antwort: Seine Ernährung umstellen und bewusster essen.

Welche Vorteile eine Umstellung der Ernährungsgewohnheiten hat, lässt sich an der Lebensgeschichte von Dr. Hay, dem Entwickler der hayschen Trennkost, verdeutlichen. Er, der selbst an einer schweren Nierenerkrankung litt, untersuchte das Ernährungsverhalten von Menschen außerhalb der Zivilisation. Im Laufe seiner Studien kam er zu dem Schluss, dass naturbelassene, der Jahreszeit entsprechend verzehrte Nahrungsmittel den besten Schutz vor Übergewicht, Verstopfung und vielen anderen typischen Zivilisationskrankheiten und -beschwerden gewährleisten.

Durch diese Erkenntnis gestärkt, stellte Dr. Hay seine Ernährung um und erlangte allein durch diese Maßnahme seine Gesundheit wieder zurück.

Ein besonders wichtiger Aspekt war für ihn dabei, kohlenhydratreiche und eiweißreiche Nahrungsmittel nicht gleichzeitig, sondern getrennt zu essen. Da dies seines Erachtens für die Verdauung günstiger ist.

Vorteile der Trennkost

Wer sich an die Regeln der hayschen Trennkost hält, ernährt sich automatisch vollwertig. Beim Trennen nach Dr. Hay wird der Anteil von Vollkornprodukten und damit Ballaststoffen in der Ernährung erhöht. Gleichzeitig erfolgt eine Reduzierung der Eiweiß- und Fettzufuhr.

Speziell Speisefette und fettreiche Nahrungsmittel dürfen bei der Trennkost nach Dr. Hay nur eingeschränkt verzehrt werden. Dafür bestimmen Obst und Gemüse in größeren Mengen den täglichen Speiseplan. Und nicht zuletzt wird auf den Verzehr von Süßigkeiten mit raffiniertem Zucker ganz verzichtet.

Eine solche Ernährungsweise klingt vielleicht zunächst nicht sehr reizvoll, schützt jedoch vor ernährungsbedingten Zivilisationskrankheiten, führt langfristig zu einer Gewichtsreduzierung und somit zu mehr Vitalität und Wohlbefinden.

Kriterien des Trennens

Fast alle Nahrungsmittel enthalten gleichzeitig Kohlenhydrate, Eiweiß und andere Nährstoffe – allerdings in jeweils unterschiedlichen Mengen.
Dr. Hay hat daher Nahrungsmittel mit einem besonders hohen Kohlenhydratanteil der Kohlenhydratgruppe zugeordnet. Diejenigen Lebensmittel, die einen großen Anteil an Eiweiß haben, ordnete er der Eiweißgruppe zu. Nahrungsmittel, die sich weder durch einen hohen Eiweiß- noch durch einen hohen Kohlenhydratanteil auszeichnen, stufte er als neutral ein. Zu ihnen zählen beispielsweise die verschiedenen Gemüsesorten und Salate, Nüsse und Samen, aber auch Milchprodukte und Käse ab einer bestimmten Fettgehaltsstufe.

Die Trennkostpraxis

Nahrungsmittel aus der Kohlenhydratgruppe dürfen genau wie Lebensmittel aus der Eiweißgruppe nur mit neutralen Produkten kombiniert werden. Die Kombination von kohlenhydratreichen Nahrungsmitteln mit eiweißreichen Produkten ist nicht erlaubt. Zwischendurch sollte man nur Nahrungsmittel aus der neutralen Gruppe verzehren, um damit einen vollständigen Ab- und Umbau von Eiweiß bzw. Kohlenhydraten bei der Verdauung zu gewährleisten.

Säuren und Basen

Der übermäßige Verzehr von besonders eiweiß- und kohlenhydratreichen Nahrungsmitteln widerspricht der biochemischen Zusammensetzung unserer Körpersäfte. 80 Prozent des menschlichen Körpers bestehen aus so genannten Basen bildenden und 20 Prozent aus Säure bildenden Elementen. Dieses Verhältnis sollte sich auch in den einzelnen Mahlzeiten widerspiegeln, um dieses Gleichgewicht zu halten.

Säure und Basen bildende Nahrungsmittel

Zu den Basen bildenden Nahrungsmitteln zählen Obst, Salate und frisches Gemüse. Zu den stärker Säure bildenden gehören Fleisch, Fisch und Käse, zu den schwächer Säure bildenden Fett und raffinierte Öle. Vollkornprodukte sind nur in geringem Maße Säure bildend. Weißmehl und Zucker dagegen sind in höchstem Grade Säure bildend. Diese Produkte sollten daher strikt gemieden werden.

Die Säure-Basen-Praxis

Beim Trennen bedeutet dies, den Verzehr von Fleisch, Fisch, Eiern und Wurstwaren einzuschränken. Beim Zusammenstellen einer Eiweißmahlzeit sollte man mengenmäßig Produkte aus der neutralen Gruppe bevorzugen. Beispielsweise zu einem kleinen Steak eine große Portion Gemüse oder Salat essen. Das Steak sollte Beilagencharakter haben, das Gemüse als Hauptgericht angesehen werden. Anders verhält es sich bei den Nahrungsmitteln aus der Kohlenhydratgruppe. Hier darf die Portion ruhig üppiger sein. Wer beispielsweise gerne Kartoffeln isst, kann zu seiner großen Gemüseplatte jederzeit auch noch ein halbes Pfund Kartoffeln und mehr essen.

Gewichtsverlust mit Trennkost

Gewichtsverluste durch das Trennen haben laut Dr. Hay eine einfache Erklärung. Da unsere Ernährung in der Regel einen zu hohen Anteil an Säure bildenden Produkten enthält, findet durch den Abbau des Säureüberschusses eine Reinigung des Körpers statt, und damit sind automatisch Gewichtsverluste verbunden.
Dies erklärt auch, warum man, wenn man sich bereits bewusst ernährt, also reichlich Gemüse, Salate, Obst und Vollkornprodukte verzehrt, aber bisher nicht nach Kohlenhydraten und Eiweiß getrennt hat, weniger abnimmt als Personen, die sich bis dato »normal« ernährt haben. Nach der Phase des Säureüberschussabbaus pendelt sich das Gewicht

Kohlenhydrate finden sich besonders in Brot, Backwaren und Kartoffeln. Sie bilden neben eiweißreichen und neutralen Lebensmitteln eine Hauptgruppe der hayschen Trennkost.

ein. Untergewichtige nehmen zu, Übergewichtige weiter ab. Am Schluss erreichen beide ihr individuelles Wohlfühlgewicht, was letztendlich der Wunsch eines jeden ist. Und noch ein Plus: Wer sich nach den Regeln der Trennkost ernährt, verliert nicht nur seine Pfunde. Das persönliche Wohlfühlgewicht kann auch auf Dauer gehalten werden (siehe dazu Seite 11 im Kapitel »Trennkost und sich wohl fühlen«).

Die zehn Grundregeln der Trennkost

Wenn Sie sich nach den Regeln der Trennkost ernähren wollen, sollten Sie folgende Punkte besonders beachten:

1. Orientieren Sie sich beim Zusammenstellen der Mahlzeiten nicht nur an der Trenntabelle, sondern auch am saisonalen Angebot. Denn heimische Produkte liefern zu jeder Jahreszeit speziell die Vitamine und Mineralstoffe, die wir tatsächlich benötigen.
2. Achten Sie darauf, dass die Nahrungsmittel möglichst naturbelassen und frisch sind.
3. Wählen Sie nährstoffschonende Garmethoden zur Zubereitung der warmen Mahlzeiten.
4. Kombinieren Sie nie kohlenhydrat- und eiweißreiche Lebensmittel miteinander.
5. Kombinieren Sie kohlenhydratreiche Nahrungsmittel aus der Kohlenhydratgruppe nur mit neutralen Lebensmitteln.
6. Wählen Sie zu eiweißreichen Lebensmitteln aus der Eiweißgruppe als Ergänzung nur neutrale Nahrungsmittel.
7. Stellen Sie für neutrale Mahlzeiten nur Produkte aus der neutralen Gruppe zusammen. Zu ihnen gehören beispielsweise Gemüse, Salate, Nüsse sowie Milchprodukte und Käse ab einem bestimmten Fettgehalt. Säuerliche Früchte, die zwischendurch allein verzehrt werden, zählen in diesem Fall ebenso zur neutralen Gruppe.
8. Trinken Sie täglich mindestens eineinhalb bis zwei Liter: Je nach Jahreszeit kalten oder warmen Früchtetee, Mineralwasser, Buttermilch und mit Wasser verdünnte, ungesüßte Obst- und Gemüsesäfte.
9. Schränken Sie den Konsum von schwarzem Tee und Kaffee ein. Wählen Sie milde bzw. entkoffeinierte Kaffeesorten sowie Früchtetees.
10. Verzichten Sie möglichst auf Alkohol. Und wenn Alkohol, dann sollten Sie zu kohlenhydratreichen Mahlzeiten nur Bier bzw. zu eiweißreichen Gerichten ausschließlich Wein trinken – selbstverständlich immer nur in Maßen.

Trennkostpraxis

... für Einsteiger

Wer sich bisher noch nie mit der Trennkost beschäftigt hat, für den stellt sich als erstes die Frage: Wie lange sollte man trennen? Da es sich bei der Trennkost nicht um eine gewöhnliche Diät handelt, sollte man als Trennkostanfänger das Trennen der Nahrungsmittel mindestens einen Monat lang konsequent durchhalten. Denn so lange braucht der Stoffwechsel, bis er sich an die geänderte Ernährungssituation gewöhnt hat.

... für Fortgeschrittene

Wer bereits Erfahrungen mit der hayschen Trennkost gesammelt hat, weiß, dass man immer wieder sofort in diese Diätform einsteigen kann. Schon nach ein paar Wochen sind die Abnehmerfolge sichtbar und man fühlt sich wieder rumdum wohl.

Das Abnehmen sollte dabei jedoch nicht unbedingt im Vordergrund stehen, vielmehr geht es bei der Trennkost auch um bewusstes Essen. Das bedeutet, dass man sich am saisonalen Nahrungsmittelangebot orientieren und durch entsprechende Garmethoden große Nährstoffverluste verhindern kann.

Gleichzeitig heißt dies aber auch: Es muss nicht immer konsequent getrennt werden. Wichtig ist, dass man sich trotzdem vollwertig ernährt.

Das Frühstück

Da die Frühstücksgewohnheiten individuell recht unterschiedlich sind, finden Sie kalte und warme, süße und herzhafte Frühstücksvorschläge. Eiergerichte sollte man maximal zwei- bis dreimal pro Woche in seinen Speiseplan einbauen, da sie viel Cholesterin enthalten.

Natürlich können Sie auch mit Hilfe der Trenntabelle Ihr individuelles kohlenhydratreiches, eiweißreiches oder neutrales Frühstück zusammenstellen.

Wer zu den so genannten Frühstücksmuffeln gehört, sollte sich bereits am frühen Vormittag einen kohlenhydratreichen Snack oder zumindestens eine große Portion frisches Obst gönnen. Denn wenn Ihr Blutzuckerspiegel zu sehr absinkt, kann es zu Beschwerden wie beispielsweise Konzentrationsstörungen, Leistungsschwäche und Schwindelgefühlen kommen.

Die Mittagsmahlzeit

Hier finden Sie Vorschläge für kalte Mahlzeiten zum Mitnehmen, wenn Sie berufstätig sind, und warme Gerichte, wenn Sie die Möglichkeit haben, mittags zu Hause zu kochen. Die kalten Mittagsmahlzeiten können Sie am Vorabend oder morgens zubereiten und entsprechend verpackt mitnehmen. Damit nichts verdirbt, sollten Sie sie bis zum Verzehr in den Kühlschrank stellen. Wer die Gelegenheit hat, kann auch in der Kantine oder im Restaurant seine Mittagsmahlzeit einnehmen. Wichtig ist, dass die eiweißreiche Mahlzeit mittags und das kohlenhydratreiche Essen abends verzehrt werden.

Desserts und Zwischenmahlzeiten

Vorschläge für Desserts und Zwischenmahlzeiten wurden in diesem Ratgeber bewusst nicht gemacht. Als Faustregel gilt jedoch: Nach einer eiweißreichen Mittagsmahlzeit dürfen Sie als Dessert Früchte essen. Allerdings nur solche, die unter der Eiweißgruppe aufgeführt sind. Wer als Nachtisch gerne einen Joghurt- oder eine Quarkspeise isst, kann auch frische Früchte, beispielsweise Beerenobst, unter fettarmen Naturjoghurt oder Magerquark rühren und mit ein paar gehackten Nüssen verfeinern.
Nach einer kohlenhydratreichen Mahlzeit sind als Dessert eine Banane oder ein paar getrocknete Früchte erlaubt. Wichtig: Sowohl Nüsse als auch getrocknete Früchte sollte man immer nur in kleinen Mengen verzehren, da sie kalorienreich sind.
Um ein schnelles Absinken des Blutzuckerspiegels zu verhindern, empfiehlt es sich, zwischen den Hauptmahlzeiten eine Kleinigkeit zu sich zu nehmen. Damit der Körper genügend Zeit gewinnt, eine vorausgegangene eiweiß- oder kohlenhydratreiche Mahlzeit vollständig zu verdauen, sollte man zwischendurch nur Lebensmittel aus der neutralen Gruppe, beispielsweise ein paar Karotten, eine Ecke vollfetten Käse, eine Tasse Gemüsebrühe oder säuerliche Früchte essen.

Das Abendessen

Entsprechend dem hayschen Trennprinzip sind die Vorschläge fürs Abendessen kohlenhydratreich. Sie haben die Auswahl zwischen kalten und warmen Gerichten – ganz nach Ihren Essensgewohnheiten. Die Abendmahlzeit sollte nicht zu spät eingenommen werden, damit Ihr Organismus nicht zu sehr belastet wird.

Die Getränke

Vergessen Sie nicht, ausreichend zu trinken, um Ihren Flüssigkeitshaushalt im Gleichgewicht zu halten. Entsprechende Vorschläge finden Sie unter den zehn Grundregeln der Trennkost.

Die Gerichte

Die Mengenangaben für die einzelnen Gerichte sind jeweils für eine Person berechnet. Wenn Sie mit Ihrem Partner oder einer Freundin gemeinsam trennen möchten, müssen Sie die aufgeführten Zutaten einfach nur verdoppeln.

Der richtige Einkauf

Am besten legen Sie Ihren Speiseplan schon immer für zwei bis drei Tage im Voraus fest. Achten Sie dabei darauf, dass Sie so planen, dass keine Reste übrig bleiben. Wenn Sie beispielsweise einen Becher Magerquark kaufen, sollten Sie ihn auch innerhalb dieser Zeit verbrauchen.
Obst und Gemüse gibt es zwar in jedem Supermarkt, wichtig ist jedoch die Herkunft. Bevorzugen Sie Produkte aus einheimischem Anbau. In der Regel sind hierbei die Transportwege erheblich kürzer. Die transportbedingten Vitamin- und Nährstoffverluste halten sich also in Grenzen. Wenn Sie die Gelegenheit haben, auf einem Wochen- oder Bauernmarkt einzukaufen, dann nutzen Sie dieses Angebot. Hier ist die Ware meist am frischesten. Achten Sie auf das Mindesthaltbarkeitsdatum und den Fettgehalt bei Produkten aus dem Kühlregal wie Joghurt, Milch und Käse.

Trennkost nährstoffschonend zubereiten

Damit so wenig wertvolle Vitamine und Mineralstoffe wie möglich verloren gehen, sollten Sie nährstoffschonende Garmethoden bevorzugen. Zu ihnen zählen das Dämpfen, das kurze Dünsten und das Garen in der Alufolie. Beim Dämpfen wird beispielsweise Gemüse, aber auch Fisch und Geflügel in einem speziellen Dämpfkörbchen über Wasserdampf gegart. Beim kurzen Dünsten, z. B. von Spinat, wird der gewaschene, noch nasse Spinat in wenig Butter mit Gewürzen kurz gegart. Zusätzliches Wasser wird nicht hinzugefügt. Auf die gleiche Weise lassen sich fast alle Gemüse zubereiten.
Wichtig: Gemüse sowie Nudeln nicht weich, sondern immer bissfest garen. Das Garen in der Alufolie bietet sich sowohl für Fruchtgemüse als auch für Fisch an. Beide schmoren sozusagen im eigenen Saft, der natürlich mitverzehrt wird. Wenn Sie Obst und Gemüse roh essen, ist der Nährwert am größten.

Sowohl Gemüse als auch Fleisch und Fisch lassen sich im Wok einfach, schnell und fettarm zubereiten. Vitamine und Mineralstoffe bleiben dabei erhalten.

Trennkost und sich wohl fühlen

Das Wohlfühlgewicht

Abnehmen ist eine Sache, sich wohl zu fühlen die andere. Daher sind die Begriffe »Ideal-« und »Normalgewicht« größtenteils aus der einschlägigen Literatur verschwunden.

Heute geht es vielmehr um das individuelle Wohlfühlgewicht. Es ist nicht nur vom Alter, der Körpergröße und dem Körperbau abhängig. Das Wohlfühlgewicht berücksichtigt in erster Linie das persönliche Körpergefühl. Denn nicht immer ist Schlanksein mit Leistungsfähigkeit und Gesundheit gleichzusetzen. Jeder von uns weiß selbst, bei welchem Gewicht er sich am besten fühlt. Und dass dieses Gewicht durchaus leichten saisonalen Schwankungen unterliegt, weil man sich beispielsweise im Sommer mehr bewegt als im Winter, und bei Hitze automatisch weniger und leichter isst, ist auch den meisten klar.

Der Blutzuckerspiegel

Ein möglichst konstanter Blutzuckerspiegel ist entscheidend für das Durchhalten einer Diät. Die meisten Diäten nehmen auf diese Tatsache jedoch keine Rücksicht und werden daher auch in den seltensten Fällen über einen längeren Zeitraum durchgehalten.

Wenn der Blutzuckerspiegel stark absinkt, fühlt man sich schlapp und müde und arbeitet unkonzentriert. Gleichzeitig wächst der Heisshunger auf Süßes. Um dem

Käse zählt zu den eiweißreichen Nahrungsmitteln. Schon beim Einkauf sollte man auf die Angaben zum Fettgehalt eines Käses achten.

vorzubeugen ist es wichtig, reichlich Vollkornprodukte, Obst und Gemüse zu verzehren, so wie es Dr. Hay empfiehlt. Denn sie enthalten Kohlenhydrate und Ballaststoffe, die nur langsam und kontinuierlich abgebaut werden, so dass es nicht zu einem rapiden Blutzuckerspiegelabfall kommt.
Vom Körper leicht abzubauende Kohlenhydrate, beispielsweise aus Süßigkeiten, lassen hingegen den Blutzuckerspiegel rasch in die Höhe steigen. Um dem entgegenzuwirken, schüttet die Bauchspeicheldrüse vermehrt Insulin aus. Dadurch sinkt der Blutzuckerspiegel in kurzer Zeit rapide ab, und es kommt wieder zu einem so genannten Unterzucker. Die Spirale beginnt von vorne – mit dem Bedürfnis, etwas Süßes essen zu müssen.

Trennkost außer Haus

Kantine und Restaurant

Keine Panik vor einem Besuch im Restaurant oder der Kantine bzw. dem Casino. Sie müssen sich nach dem Studieren der Speisekarte bzw. des Speiseplanes entweder für ein eiweißreiches oder ein kohlenhydratreiches Menü entscheiden. Dabei können Sie eventuelle Beilagen, die dem Trennkostgedanken widersprechen, getrost ändern oder abbestellen.
Interessant: Inzwischen gibt es immer häufiger – aufgrund der großen Nachfrage – auch Lokale, die eine spezielle Trennkostkarte anbieten. Dies erleichtert Ihnen die Auswahl der Speisen natürlich enorm.

Vorspeisen und Desserts

Ideale neutrale Vorspeisen sind klare Brühen mit Gemüse oder kleine Rohkostteller. Beim Italiener bietet sich eine kleine Portion Antipasti als neutrale Vorspeise an. Brot dazu ist allerdings nur dann erlaubt, wenn Sie anschließend ein kohlenhydratreiches Gericht essen. Als Dessert bieten sich frische Früchte der Saison nach einer eiweißreichen Mahlzeit an. Eine gemischte Käseplatte eignet sich nach einem kohlenhydratreichen Gericht.

Eiweißreiche Hauptgerichte

Hier finden Sie eine Auswahl an eiweißreichen Gerichten, die Sie in (fast) jedem Restaurant bestellen können:

1. Gegrillter oder gedünsteter Fisch mit einer großen Portion Salat als Beilage. Wählen Sie als Sauce ein Joghurtdressing mit Kräutern.
2. Gegrilltes Steak mit Kräuterbutter und einer großen Portion Gemüse. Fragen Sie beim Bestellen gleich nach, wie das Gemüse zubereitet wird.
3. Ein halbes gegrilltes Huhn mit einer großen Portion gemischtem Salat. Essen Sie die Haut möglichst nicht mit.
4. Eine große Rohkostplatte mit verschiedenen Quarkdips.
5. Putengeschnetzeltes mit Gemüse oder Salat. Bestellen Sie den üblicherweise dazu servierten Reis gleich ab.
6. Rühreier mit Kräutern, Käse oder Schinken mit einer großen Portion Salat.
7. Eine Portion Tatar ohne Brot.

Kohlenhydratreiche Hauptgerichte

Speziell, wenn Sie gerne Kartoffeln essen, ist die Auswahl an kohlenhydratreichen Gerichten recht groß:

1. Folienkartoffeln mit Kräutercreme und einem gegrillten Maiskolben oder einer Portion gemischtem Salat.
2. Pellkartoffeln mit Kräuterquark.
3. Kartoffel-Gemüse-Gratin mit Käse überbacken.
4. Raclette mit Pellkartoffeln.
5. Gemüse in Käsesauce mit Kartoffeln.
6. Pastagerichte mit Gemüse – in diesem Fall müssen es nicht unbedingt Vollkornnudeln sein.

Die Essenszeiten

Wichtig ist nicht die Uhrzeit, zu der man isst, sondern, dass man keine Mahlzeit auslässt und sich an die Regeln der Trennkost hält.

Trennkost und Gästebewirtung

Sie möchten gerne Gäste einladen und trotzdem aufs Trennen nicht verzichten? Das ist kein Problem, denn Gastlichkeit und Trennkost schließen sich nicht aus. Es gibt verschiedene Möglichkeiten, Freunde gut zu bewirten, ohne dass man dabei die Trennkostregeln für sich außer Acht lassen muss.
Die richtige Zusammenstellung des Menüs macht's: Offerieren Sie eine neutrale Vorspeise, ein kohlenhydrat- oder eiweißreiches Gericht, zu dem Sie Ihren Freunden eine zusätzliche Beilage anbieten, krönender Abschluss ist dann je nach Hauptgericht ein entsprechendes Dessert.

Neutrale Vorspeisen

1. Grüner Spargel mit einer Kräutervinaigrette. Und als extra Zugabe für Ihre Freunde: gekochte, halbierte Wachteleier oder Räucherlachs.
2. Feldsalat mit Kräutervinaigrette und gehackten Walnüssen. Als Extra für Ihre Freunde können Sie ausgelassene Frühstücksspeckwürfelchen servieren.
3. Melonenkugeln in Minzsauce.
4. Kalte Gemüsesuppe. Als Extra für die Gäste eignen sich in Butter geröstete Brotwürfelchen.

Eiweißreiche Hauptgerichte

1. Pochierter Fisch mit Gemüse der Saison. Als Extra für Ihre Freunde eignen sich Butterkartoffeln oder Wildreis.
2. Fleischfondue mit selbst zubereiteten Saucen auf Joghurt- und Fruchtbasis. Als Extra für Ihre Freunde gehören dazu natürlich verschiedene Brotsorten.
3. Hirschragout mit Preiselbeeren und Waldpilzen. Als Beilage für Ihre Gäste bieten sich selbst gemachte Spätzle an.
4. Putenschnitzel in Sesamkruste auf Orangensauce. Als Extra für Ihre Freunde können Sie dazu Reis servieren.

Kohlenhydratreiche Hauptgerichte

1. Vollkornnudeln mit Gemüsesauce.
2. Folienkartoffeln mit Kräutercreme und gegrillten Maiskolben. Als Extra für die Freunde: gegrillte Steaks oder Fleischspießchen.
3. Kartoffel-Käse-Gratin mit gemischtem Salat. Als Extra für Ihre Freunde können Sie dazu einen Braten oder Fisch servieren.
4. Selbst gemachte Mangoldmaultaschen mit Kräuterschaum. Als Extra für Ihre Freunde bieten sich ausgelassene Frühstücksspeckwürfelchen an.

Eiweißreiche Desserts

1. Frische Früchte, beispielsweise Beerenobst. Als Extra können Sie Ihren Freunden dazu Eiscreme servieren.
2. Fruchtjoghurt bzw. Fruchtquark mit fettarmen Produkten. Als Extra das Dessert für Ihre Freunde mit Zucker süßen und mit Alkohol verfeinern.

Kohlenhydratreiche Desserts

1. Flambierte Bananen.
2. In Wein gegartes Dörrobst mit Blauschimmelkäse.

Kein mühsames Kalorienzählen nötig

Wer sich nach den Regeln der Trennkost ernährt, muss weder die Zutaten exakt abwiegen, noch sich sklavisch an Rezepte halten.

Wenn Ihnen z. B. Gemüse nicht zusagt, dann ersetzen Sie es einfach durch ein Gemüse Ihrer Wahl. Das Gleiche gilt im Prinzip für alle Zutaten innerhalb der einzelnen Mahlzeitengruppen. Das Zählen von Kalorien ist also nicht erforderlich. Nahrungsmittel, die kalorienreich sind, wie beispielsweise Trockenfrüchte, Nüsse und Samen, sollte man jedoch immer nur in kleinen Mengen genießen.

Trennkost und Gewürze

Verwenden Sie nach Möglichkeit reichlich frische Kräuter, und gehen Sie sparsam mit Salz um. Dr. Hay empfiehlt jodiertes Salz, am besten Meersalz. Vermeiden Sie scharfe Gewürze. Sie überdecken den Eigengeschmack von Nahrungsmitteln und sind eigentlich nicht für unsere Breitengrade gedacht.

Tiefkühlkost

Gegen die Verwendung von tiefgekühlten Produkten ist nichts einzuwenden, wenn sie ohne Zusätze oder bereits zubereitet tiefgefroren wurden. Bei Früchten sollte man immer darauf achten, dass sie ungezuckert, bei Gemüse, dass es »natur pur« tiefgefroren wurde.

Anders hingegen sieht es bei Konserven aus. Hier gehen bei der Herstellung speziell wasserlösliche Vitamine verloren.

Trennkost und Familie

Auch wer für eine Familie kocht, kann nach den Regeln der Trennkost leben, ohne extra für sich etwas kochen zu müssen. Bei jedem Essen können Sie sich entweder für die kohlenhydratreiche oder die eiweißreiche Komponente entscheiden und durch neutrale Nahrungsmittel ergänzen.

Kohlenhydratreiche Lebensmittel

Vollkorngetreide, Vollkornmehl, Vollkornbrot, Vollkornbrötchen, weiteres Vollkorngebäck, Vollkornnudeln, Naturreis, Kartoffeln, Süßkartoffeln, Mais

Trockenfrüchte / Süßungsmittel

Bananen, ungeschwefeltes Dörrobst, getrocknete Feigen, getrocknete Datteln, getrocknete exotische Früchte, Rosinen, Korinthen, Bienenhonig, Ahornsirup

Vorsicht

Diese konzentrierten Lebensmittel nur in Maßen verwenden!

Nicht empfohlen

Weißbrot, Weißmehl, Eierteigwaren, polierter Reis, Süßigkeiten, Marmeladen und Gelees, Zucker, Süßstoff, Fertigprodukte

Eiweißreiche Lebensmittel

Fleisch

Muskelfleisch, Filet und Innereien vom Kalb, Lamm, Rind und Schwein

Fleisch- und Wurstwaren

Magerer Schinken, Geflügelwurst, Bündner Fleisch

Wild

Mageres Fleisch von Hase, Hirsch und Reh

Geflügel

Brust und Keule ohne Haut von Ente, Huhn und Truthahn, außerdem Tauben und Wachteln

Fische

Magere See- und Süßwasserfische sowie in Maßen Krusten- und Schaltiere

Besonders empfohlen

Fisch anstelle von Fleisch bevorzugen!

Milch und Milchprodukte

Magerquark, Naturjoghurt, Butter- und Trinkmilch etc. bis zu 3,5 % Fett, alle Käsesorten bis zu 45 % Fett i. Tr.

Vorsicht

Beim Einkauf nach dem Fettgehalt fragen.

Eier

Maximal 3–4 Eier pro Woche essen!

Vorsicht

Das nachfolgend aufgelistete saure Obst sollte nur mit überwiegend eiweißreichen Nahrungsmitteln kombiniert werden!

Beerenobst

Brombeeren, Erdbeeren, Himbeeren, Johannisbeeren, Stachelbeeren, Weintrauben etc.

Kernobst

Äpfel, Birnen

Steinobst

Aprikosen, Kirschen, Pfirsiche, Pflaumen

Zitrusfrüchte

Grapefruits, Mandarinen, Orangen, Zitronen

Besonders empfohlen

Früchte enthalten wie Gemüse viele Ballaststoffe und sollten deshalb reichlich verzehrt werden!

Nicht empfohlen

Fettes Fleisch und fette Wurstwaren, Fertigprodukte, Eingemachtes und Eingekochtes

Neutrale Lebensmittel

Blattgemüse und Blattsalate

Artischocken, Chicorée, Eichblattsalat, Eisbergsalat, Endiviensalat, Feldsalat, Fenchel, Kopfsalat, Mangold, Radicchio, Spinat etc.

Fruchtgemüse

Auberginen, Bohnen, Erbsen, Gurken, Kürbis, Melonen, Paprikaschoten, Tomaten, Zucchini

Kohlgemüse

Blumenkohl, Brokkoli, Chinakohl, Grünkohl, Kohlrabi, Rosenkohl, Rotkohl, Weißkohl, Wirsing

Stängelgemüse

Spargel

Wurzelgemüse

Bleich- und Knollensellerie, Karotten, Radieschen, Rettich, Rote Bete, Schwarzwurzeln

Zwiebelgemüse

Frühlingszwiebeln, Gemüsezwiebeln, Haushaltszwiebeln, Knoblauch, Lauch, rote Zwiebeln, Schalotten

Wald- und Zuchtpilze

Steinpilze, Maronen etc.

Kräuter und Gewürze

Kräuter reichlich, Salz und extrem scharfe Gewüre nur sparsam verwenden!

Milch- und Milchprodukte

Crème fraîche, Sahne, Sahnequark etc. vollfett, Käse ab 45 % Fett i. Tr.

Vorsicht

Beim Einkauf von Milchprodukten nach dem Fettgehalt fragen und auf das Mindesthaltbarkeitsdatum achten.

Nüsse und Samen

Haselnüsse, Kürbiskerne, Mandeln, Sesamsamen, Sonnenblumenkerne etc.

Vorsicht

Nüsse und Samen nur in geringen Mengen verwenden, da sie besonders kalorienreich sind.

Öle und Fette

Butter, pflanzliche Öle wie Olivenöl, Sonnenblumenöl, Weizenkeimöl etc.

Vorsicht

Diese Fette sparsam verwenden!

Eigelb

Vorsicht

Eigelb sparsam verwenden!

Nicht empfohlen

Getrocknete Hülsenfrüchte, Fertigprodukte

Äpfel

Kaum eine andere Frucht ist so beliebt wie der Apfel. Weltweit gibt es über tausend verschiedene Apfelsorten. In unseren Breitengraden sind es ca. 20 unterschiedliche Sorten, die im Handel erhältlich sind.

Herkunft

Sicher ist, dass Äpfel bereits im antiken Rom bekannt waren. Woher sie genau stammen, kann nur vermutet werden. Wie bei vielen anderen Agrarprodukten wird Asien als mögliches Ursprungsland angesehen.

Unterschiede

Nach ihrer Verwendung unterscheidet man zwischen Tafeläpfeln, Mostäpfeln und Kochäpfeln. Letztgenannte werden speziell zur Herstellung von Apfelmus, Pektin und weiteren Produkten in der Nahrungsmittelindustrie verwendet.
Zu den Tafeläpfeln zählen u. a. Boskop, Cox Orange, Elstar, Golden Delicious, Granny Smith, Jonagold u. v. a. m.

Aufbewahrung

Je heller und wärmer der Lagerplatz, desto schneller reifen Äpfel nach. Ideal ist ein kühler, luftiger und trockener Ort. Äpfel sollten am besten ungewaschen, mit den Stielen und den Blütenansätzen in einem Weidenkorb oder einer Obststeige aufbewahrt werden.

Eignung

Wofür sich ein Tafelapfel eignet, variiert von Sorte zu Sorte, beispielsweise für Kompott, für Apfelkuchen und Apfelstrudel, für Gelees, Säfte und Apfelwein.

Körniger Frischkäse

Er zählt, wie es der Name schon sagt, zu den Frischkäsen. Im Gegensatz zu anderen Frischkäsen besteht körniger Frischkäse aus weichen, wasserhaltigen Granulaten. Im Geschmack ist er leicht säuerlich.

Herkunft

Körniger Frischkäse stammt ursprünglich aus den USA. Dort heißt er Cottage Cheese.

Aufbewahrung

Körniger Frischkäse gehört in den Kühlschrank. Beim Einkauf sollte man unbedingt auf das Mindesthaltbarkeitsdatum achten. Der Inhalt einmal geöffneter Becher wird am besten rasch verbraucht. Die sich bildende Flüssigkeit wird abgegossen.

Beerenmüsli (kalt)

Zutaten *125 g Magerquark • 1 EL Orangensaft • ausgekratztes Vanillemark • 200 g Beerenobst, z. B. Himbeeren, Brombeeren oder Erdbeeren 1 EL fein gehackte Pistazien*

Zubereitung	**1** Den Magerquark mit dem Orangensaft und mit etwas ausgekratztem Vanillemark verrühren und abschmecken. **2** Die Früchte kurz überbrausen und gut abtropfen lassen. Großes Beerenobst wie Erdbeeren halbieren oder vierteln. Dann unter den Quark rühren. Zuletzt mit den gehackten Pistazien bestreuen.
Tip	Im Winter ungezuckertes, tiefgekühltes Beerenobst oder Zitrusfrüchte verwenden.

Apfelfrischkäse (kalt)

Zutaten *200 g körniger Frischkäse • 1 EL Zitronensaft • gemahlener Zimt • 1 mürber Apfel, z. B. Cox Orange*

Zubereitung	**1** Den körnigen Frischkäse mit dem Zitronensaft verrühren und mit Zimt abschmecken. **2** Den Apfel waschen und mit der Schale grob raspeln. Unter den Zimtfrischkäse rühren.
Tip	Zusätzlich fein gehackte Nüsse, z. B. Haselnüsse, unter den Apfel-Zimt-Frischkäse rühren. Zur Abwechslung im Sommer entsteinte Kirschen, im Herbst entsteinte Zwetschgen unterrühren.
Getränke	Früchte- oder Schwarztee ohne Milch und Zucker, ungesüßter Kaffee oder mit Mineralwasser verdünnte ungezuckerte Fruchtsäfte, z. B. Apfel- oder Kirschsaft.

Eier

Sie sind vielseitig verwendbar und in jedem Haushalt anzutreffen. Eier werden fürs Gelingen von Kuchen benötigt, zum Binden und Legieren von Saucen und Suppen.

Herkunft

Bis heute ist noch nicht geklärt, wer zuerst da war. Das Huhn oder das Ei ...

Unterschiede

Neben der Haltungsform – Freilandhaltung, intensive Auslaufhaltung, Bodenhaltung, Volierenhaltung und Batterie- bzw. Käfighaltung – unterscheidet man auch nach Güteklassen. Im Handel werden ausschließlich Eier der Güteklasse A oder frische angeboten. Die Schale und das Oberhäutchen müssen gleichmäßig, unbeschädigt und sauber sein. Eier aus Verpackungen mit der Bezeichnung »Extra« dürfen nicht älter als eine Woche sein. Die Zahlen 0 bis 7 geben Auskunft über das Gewicht. 0 bedeutet, dass das Ei 75 Gramm und mehr wiegt. 7 bedeutet die niedrigste Gewichtklasse. Das Ei hat dann ein Gewicht von weniger als 45 Gramm. Bei den Zahlen dazwischen variiert das Gewicht jeweils um ca. fünf Gramm.

Aufbewahrung

Eier sollte man nur im Kühlschrank aufbewahren und möglichst rasch verbrauchen. Beim Einkauf sollte man auf das Lege- oder Mindesthaltbarkeitsdatum achten.

Tip

Bei frischen Eiern sind Eidotter und Eiklar hochgewölbt, bei alten abgeflacht, wenn man sie aufschlägt und im Profil betrachtet. Bei gekochten Eiern erkennt man das Alter an der Lage des Eidotters. Bei frischen Eiern liegt der Eidotter zentral, wenn sie der Länge nach halbiert werden, bei alten verlagert sich der Eidotter zum Rand hin.

Wichtig

Um sich vor Salmonellen zu schützen, sollte man nur frische Eier kaufen und sie rasch verbrauchen. Damit Sie ganz sicher sein können, wann das Mindesthaltbarkeitsdatum abgelaufen ist, befestigen Sie einen Zettel mit dem entsprechenden Datum am Eierfach im Kühlschrank. Nach dem Ablauf dieses Datums dürfen die Eier nur noch durcherhitzt verzehrt werden. Auf die Zubereitung von Speisen mit rohem Eigelb verzichtet man im Sommer am besten ganz.

Käserührei mit Grilltomate (warm)

Zutaten *2 kleine Eier • Mineralwasser • Salz • Pfeffer aus der Mühle Butter • Gouda oder Edamer, 40% Fett i.Tr. • 1 Tomate • Thymianblättchen*

Zubereitung

1 Die Eier mit dem Mineralwasser, wenig Salz und Pfeffer verquirlen. In einer beschichteten Pfanne in etwas erhitzter Butter stocken lassen.
2 Den Käse in feine Streifen schneiden. Auf dem Rührei gleichmäßig verteilen und bei zugedeckter Pfanne schmelzen lassen.
3 Die Tomate kreuzweise einritzen. Mit wenig Salz und Pfeffer würzen und mit ein paar Thymianblättchen bestreuen. Unter dem vorgeheizten Grill kurz überbacken.

Tip

Sie können die Tomate natürlich auch in Scheiben schneiden, leicht mit Salz und Pfeffer würzen und so zum Käserührei essen.

Spiegeleier mit Speck (warm)

Zutaten *2–3 dünne Scheiben Frühstücksspeck • Butter • 2 kleine Eier Salz • Pfeffer aus der Mühle • Schnittlauchröllchen • ein paar Cornichons*

Zubereitung

1 Die Speckscheiben in einer beschichteten Pfanne auslassen. Etwas Butter hinzufügen. Dann die Eier daraufschlagen und stocken lassen.
2 Die Eier mit wenig Salz würzen und mit Pfeffer übermahlen. Zuletzt mit Schnittlauchröllchen bestreuen. Dazu die Cornichons essen.

Tip

Zu den Spiegeleiern schmecken übrigens auch Grilltomaten hervorragend.

Frischkäse

In den letzten Jahren ist der Verbrauch an Frischkäsen überdurchschnittlich gestiegen. Ein Grund dafür ist sicher die Frischkäsevielfalt. Bei vielen Frischkäsen kann man sich mittlerweile zwischen pur, süß oder pikant entscheiden.

Herkunft

Die Zubereitung von Frischkäse ist die älteste Form der Käseherstellung und sicher einem Zufall zu verdanken. Milch wurde stehen gelassen, wurde dabei sauer und dickte ein. Das Ergebnis war die Entstehung von Frischkäse.

Unterschiede

Zu den Standardsorten im Handel zählen Speisequark, Schichtkäse, Rahmfrischkäse und Doppelrahmfrischkäse.
Ausgangsprodukt ist stets pasteurisierte Milch.
Durch die Einstellung des Fettgehalts entstehen Produkte mit wenig Fett wie beispielsweise Magerquark und solche mit viel Fett wie Doppelrahmfrischkäse. Generell gilt: Je niedriger der Fettgehalt, desto höher der Eiweißanteil. Daher hat Dr. Hay die mageren Frischkäse der Eiweißgruppe zugeordnet. Die so genannten Frischkäsezubereitungen werden mit Zusätzen wie Kräutern, Knoblauch, Pfeffer, Meerrettich, Lachs u. v. a. m. geschmacklich variiert. Speisequark wird darüber hinaus auch mit Fruchtzubereitungen angeboten. Hier sollte man unbedingt aufs Etikett schauen. Denn in der Regel enthalten diese Fertigprodukte auch reichlich Zucker und andere Zusatzstoffe.

Aufbewahrung

Alle Frischkäseprodukte müssen im Kühlschrank aufbewahrt werden. Den Inhalt einmal geöffneter Becher sollte man rasch verbrauchen, da es leicht zu Geschmackseinbußen kommen kann. Außerdem ist es wichtig, dass der Löffel zum Entnehmen ganz sauber ist, denn sonst kann sich leicht Schimmel bilden.
Wichtig: Beim Einkauf sollten Sie immer auf das Mindesthaltbarkeitsdatum achten.

Eignung

Alle Frischkäse eignen sich als Brotaufstrich. Kräuterquark passt beispielsweise sehr gut zu Pellkartoffeln, mit Doppelrahmfrischkäse kann man süße und herzhafte Kuchen backen, Desserts zubereiten, aber auch Saucen verfeinern und Gemüse überbacken. Einfach einmal ausprobieren.

Tomatenbrot (kalt)

Zutaten *1 Scheibe Mehrkornbrot • 50 g Doppelrahmfrischkäse, 60 % Fett i.Tr. • 1 große festfleischige Tomate, z. B. Eiertomate • Salz • Pfeffer aus der Mühle • Schnittlauchröllchen*

Zubereitung

1 Die Brotscheibe mit dem Doppelrahmfrischkäse bestreichen.
2 Die Tomate in dünne Scheiben schneiden. Auf der bestrichenen Brotscheibe verteilen. Mit wenig Salz würzen und mit Pfeffer übermahlen. Zuletzt mit Schnittlauchröllchen bestreuen.

Tip

Anstelle von Schnittlauchröllchen die Tomatenscheiben mit fein gezupftem Basilikum bestreuen.

Käsesandwich (kalt)

Zutaten *2 Scheiben Vollkorntoast mit Sonnenblumenkernen • Butter 1 Stück Salatgurke • 50 g Camembert, 60 % Fett i.Tr. • Kresse*

Zubereitung

1 Die Toastbrotscheiben rösten und dünn mit Butter bestreichen.
2 Die Salatgurke und den Camembert in dünne Scheiben schneiden. Eine Toastbrotscheibe damit belegen. Kresse darüber streuen und mit der zweiten Toastbrotscheibe zudecken.

Tip

Wenn Sie gerne kräftiger Käse mögen, können Sie den Camembert beispielsweise durch Appenzeller oder durch Tilsiter, 50 % Fett i.Tr. ersetzen.

Getränke

Früchte- oder Schwarztee ohne Milch und Zucker, ungesüßter Kaffee oder Gemüsesäfte, z. B. Karotten- oder Tomatensaft.

Dörrobst

Das Trocknen ist die älteste und natürlichste Methode, frische Nahrungsmittel für den Vorrat haltbar zu machen. Denn im Gegensatz zu anderen Verfahren müssen beim Trocknen keine Konservierungsmittel zugesetzt werden. Wärme und Luft sorgen dafür, dass Früchte, aber auch Gemüse, Pilze und Kräuter einfach trocknen. Durch den Entzug von Wasser verlieren sie an Volumen und schmecken dadurch intensiver.

Unterschiede

Früchte eignen sich aufgrund ihres hohen Fruchtzucker- und Fruchtsäureanteils besonders gut zum Trocknen. Beim Einkauf sollte man darauf achten, dass das Dörrobst möglichst ungeschwefelt ist. – Immer mehr Menschen reagieren auf Geschwefeltes mit Allergien.

Aufbewahrung

Dörrobst bewahrt man am besten in luftdichten Behältern auf, denn es nimmt schnell wieder Feuchtigkeit auf und verliert dadurch seine Haltbarkeit. Am besten immer nur kleine Mengen kaufen und rasch verbrauchen. Zu lange gelagertes Dörrobst kann nämlich auch hart werden.

Eignung

Feingeschnittenes Dörrobst ist eine ideale Ergänzung für winterliche Müslis. Aus Dörrobst lässt sich Kompott zubereiten und solo sind zwei bis drei getrocknete Früchte ein gesunder, süßer Snack für Zwischendurch. Bei Verdauungsproblemen weicht man ein bis zwei Trockenpflaumen über Nacht in etwas Wasser ein und isst sie mitsamt der Flüssigkeit vor dem Frühstück.

Tip

Wer Früchte selbst trocknen möchte, macht dies am besten im Umluftherd. Generell gilt: flaches Trockengut wie z. B. Apfelringe bei 50 °C, höheres Trockengut, z. B. halbierte Aprikosen und Zwetschgen, bei 70 bis 80 °C im Umluftherd trocknen. Die Trocknungszeit hängt vom Trockengut und der Menge ab.

Wichtig

Durch ihren hohen Anteil an Kohlenhydraten in Form von Zucker sind getrocknete Früchte wesentlich kalorienreicher als frische. 100 Gramm getrocknete Äpfel haben z. B 264 Kilokalorien, ein kleiner, frischer Apfel von 125 Gramm dagegen nur 68. Dörrobst sollte man also nur in kleinen Mengen verzehren.

Dörrobstmüsli (kalt)

Zutaten *50 g gemischtes Dörrobst, z. B. Apfelringe und Aprikosen*
5 EL kernige Haferflocken • 1 EL gehackte Haselnüsse • 1/8 l Milch

Zubereitung

1 Das Dörrobst in feine Streifen schneiden. Mit den Haferflocken und den Haselnüssen in einer großen Schale vermischen.
2 Die Milch darüber gießen und alles verrühren. Eventuell mit etwas Zitronensaft abschmecken.

Tip

Wer mag, kann das Dörrobst auch durch Scheiben von einer Banane ersetzen oder in Streifen geschnittene getrocknete Feigen und Datteln untermischen.

Bananenbrot (kalt)

Zutaten *1 Scheibe Mehrkornbrot • 50 g Doppelrahmfrischkäse, 60 % Fett i.Tr. • 1 Banane • 1 EL fein gehackte Pistazien*

Zubereitung

1 Die Brotscheibe mit dem Doppelrahmfrischkäse bestreichen.
2 Die Banane in dünne Scheiben schneiden. Auf der bestrichenen Brotscheibe verteilen. Dann mit den gehackten Pistazien bestreuen.

Tip

Anstelle der Banane 50 Gramm gemischtes Dörrobst ganz fein würfeln. Mit dem Doppelrahmfrischkäse und den gehackten Pistazien vermischen und die Brotscheibe damit bestreichen. Wer mag, kann das Brot zusätzlich noch im Toaster rösten.

Getränke

Früchte- oder Schwarztee ohne Milch und Zucker, ungesüßter Kaffee oder frisch gepresste Fruchtsäfte, z. B. Orangen- oder Grapefruitsaft.

Olivenöl

Olivenöl ist nicht gleich Olivenöl. Je nachdem, zu welchem Zeitpunkt die Oliven geerntet wurden, schmecken Sie ganz unterschiedlich. Olivenöl aus gerade reif gewordenen Oliven, die noch grün sind, ist weniger intensiv im Geschmack als Öl aus später geernteten dunkleren Oliven.

Herkunft

Olivenöl wird vorwiegend in den Mittelmeerländern produziert. Qualitativ besonders hochwertig sind Olivenöle aus Italien und Frankreich.

Unterschiede

Natives Olivenöl ist weitgehend unbehandelt und wird durch schonende Pressung ohne Wärme- und chemische Behandlung gewonnen. Es wird lediglich gereinigt und gefiltert. Je nachdem, aus welcher Pressung das Olivenöl stammt, unterscheidet man zwischen den Qualitätsstufen extra, fein und mittelfein. Extra natives Olivenöl stammt aus der ersten Pressung und ist besonders wertvoll. Aber auch feines und mittelfeines natives Olivenöl sind ausgezeichnete Öle. Reines Olivenöl wird im Gegensatz zu nativem warmgepresst und muss daher zusätzlich raffiniert werden.

Aufbewahrung

Olivenöl sollte man immer lichtgeschützt und nicht zu warm aufbewahren, da es leicht ranzig wird. Im Kühlschrank bilden sich Flocken oder Eintrübungen. Dies hat jedoch auf die Qualität des Öls keinen Einfluss. Bei Zimmertemperatur wird das Öl wieder klar und flüssiger.

Eignung

Olivenöl eignet sich zum Kochen und Braten – am besten halb Olivenöl, halb Butter verwenden – sowie zum Einlegen von Gemüse, Kräutern und Käse sowie natürlich für Salate.

Mozzarella

Da er nicht reifen muss, zählt der Mozzarella zu den Frischkäsen. Er schmeckt leicht säuerlich, ist rindenlos und weiß. Im Handel findet man ihn vor allem in Kugel- oder Stangenform, meist in der eigenen Lake eingelegt, was ihn haltbarer macht.

Herkunft

Das Original, der Mozzarella di bufala aus Büffelmilch, stammt aus der Region Kampanien in Italien. Heute wird Mozzarella in vielen Ländern auch aus Kuhmilch hergestellt.

Mit Mozzarella überbackenes Gemüse (warm)

Zutaten *1 rote Paprikaschote • 1 kleine Zucchini • ein paar Kirschtomaten • Salz • Pfeffer aus der Mühle • 125 g Mozzarella, 45 % Fett i. Tr. Olivenöl für die Form • Basilikumblätter*

Zubereitung

1 Das Gemüse waschen. Die Paprikaschote halbieren, entkernen und in feine Streifen schneiden. Die Zucchini mit der Schale in dünne Scheiben schneiden. Die Kirschtomaten halbieren. Den Mozzarella grob raspeln oder in feine Scheiben schneiden.
2 Eine kleine, feuerfeste Auflaufform mit wenig Olivenöl ausstreichen. Das Gemüse abwechselnd hineinschichten. Dabei mit wenig Salz und Pfeffer würzen. Dann mit dem Mozzarella bestreuen bzw. gleichmäßig belegen.
3 Das Gemüse im auf 180 °C vorgeheizten Backofen ca. 10 Minuten überbacken. Zuletzt mit Pfeffer übermahlen und fein gezupftes Basilikum darüber streuen.

Mozzarellasalat mit getrockneten Tomaten (kalt)

Zutaten *125 g Mozzarella, 45 % Fett i. Tr. • 4 getrocknete Tomaten 1 Hand voll Rucola • Rotweinessig • Olivenöl • Salz • Pfeffer aus der Mühle*

Zubereitung

1 Den Mozzarella in dünne Scheiben, die getrockneten Tomaten in feine Streifen schneiden. Den Rucola kurz überbrausen und gut trockenschütteln.
2 Den Rucola auf einem Teller verteilen. Den Mozzarella und die Tomaten darauf anrichten.
3 Den Salat mit Rotweinessig und Olivenöl beträufeln. Zuletzt mit wenig Salz würzen und mit Pfeffer übermahlen. Anschließend etwa 30 Minuten ziehen lassen und servieren.

Paprikaschoten

Paprikaschoten zählen zu den Fruchtgemüsen und sind rund ums Jahr erhältlich. Sie enthalten reichlich Vitamin C und nur wenige Kalorien.

Herkunft

Paprikaschoten wurden ursprünglich in Südamerika angebaut. Columbus brachte sie mit nach Europa. Von hier aus gelangten sie nach Afrika und Asien.

Unterschiede

Man unterscheidet zwischen dem feurig scharfen Gewürzpaprika wie den Chili- und Pfefferschoten (Peperonis) und dem milden Gemüsepaprika. Obwohl die Gemüsepaprikaschoten unterschiedliche Farben haben, stammen sie in der Regel alle von einer Sorte ab. Die verschiedenen Farben sind Ausdruck des Reifestadiums der Paprikaschote. Die grünen Schoten sind nicht unreif, sondern grünreif. Sie sind besonders knackig und schmecken mild, manchmal auch leicht bitter. Rot werden die Paprikaschoten, wenn man sie vollständig reifen lässt. Sie schmecken leicht süßlich. Bei gelben Paprikaschoten liegt das Reifestadium zwischen grün und rot. Dies gilt jedoch nur für wenige Sorten. Im Geschmack sind sie besonders mild. Bei den im Handel erhältlichen violetten Paprikaschoten wird die Farbe durch einen besonderen Anbau erzielt. Innen sind die Schoten grün.

Aufbewahrung

Paprikaschoten sollte man im Gemüsefach des Kühlschranks aufbewahren – maximal eine Woche, denn dann verlieren sie an Feuchtigkeit und werden schrumpelig.

Eignung

Paprikaschoten eignen sich zur Zubereitung vieler Gerichte. Roh, als Salat angemacht oder in Streifen geschnitten zum Dippen enthalten sie viel Vitamin C.

Tip

Wer die feste Haut der Paprikaschoten nicht verträgt, kann die Schoten mit einem Sparschäler dünn abschälen. Sie sind dann leichter verdaulich.

Wichtig

Zum Entkernen und Zerkleinern von scharfen Gewürzpaprikaschoten Einweghandschuhe anziehen. Das in ihnen enthaltene ätherische Öl verursacht ein unangenehmes Brennen, wenn es mit den Schleimhäuten in Verbindung kommt.

Gefüllte Paprikaschote mit Ei (warm)

Zutaten *1 rote, möglichst runde Paprikaschote • 2 Tomaten • Olivenöl Salz • Pfeffer aus der Mühle • 1 Ei • Milch • Schnittlauchröllchen*

Zubereitung

1 Die Paprika waschen, waagerecht halbieren und entkernen. Mit Olivenöl auspinseln und im auf 180 °C vorgeheizten Backofen ca. 10 Minuten garen. Herausnehmen und den Backofen auf 125 °C zurückschalten.
2 Die Tomaten kurz in heißes Wasser tauchen, häuten, halbieren, entkernen und fein würfeln. Die Tomatenwürfel in wenig Olivenöl kurz dünsten. Mit Salz und Pfeffer würzen. Dann in die Paprikahälften füllen.
3 Das Ei mit etwas Milch verquirlen und würzen. Die Eimasse in die Paprikahälften gießen. Im Backofen ca. 15 Minuten stocken lassen. Zuletzt mit Schnittlauchröllchen bestreuen.

Tip

Anstelle von Rührei zwei kleine Eier einzeln aufschlagen und in je eine Paprikahälfte gleiten lassen. Im Backofen stocken lassen, bis das Eiweiß fest ist.

Gemüsetatar mit Kräutern (kalt)

Zutaten *125 g Magerquark • 100 g ganz fein gewürfeltes Gemüse, z. B. Karotte und Paprikaschote • fein gehackte Kräuter • Salz • Pfeffer aus der Mühle • Schnittlauchröllchen*

Zubereitung

1 Den Quark in einem Tuch auspressen oder abtropfen lassen. Dann die Gemüsewürfelchen untermischen. Mit fein gehackten Kräutern, Salz und Pfeffer abschmecken. Dann die Masse in eine Tasse füllen, die Oberfläche glatt streichen und kühl stellen.
2 Vor dem Essen auf einen Teller stürzen und mit Schnittlauchröllchen bestreuen.

Fenchel

Der Fenchel zählt zu den Blattgemüsen und hat bei uns als Gewürz- und Heilpflanze eine lange Tradition. Der Gemüsefenchel, ein Verwandter der Gewürzpflanze, ist seit den sechziger Jahren im deutschen Handel zu finden.

Herkunft

Fenchel ist in den Mittelmeerländern beheimatet. Speziell in Italien gehört roher, in feine Scheiben geschnittener Fenchel in jeden gemischten Salat.

Unterschiede

Je nach Sorte sind die Fenchelknollen schmal und lang oder kurz und dick, die Blätter fest, fleischig und gerippt. Sie umschließen das »Herz«. Im Geschmack gibt es keine Unterschiede. Typisch ist das starke Anisaroma.

Aufbewahrung

Fenchelknollen werden ungewaschen im Gemüsefach des Kühlschranks gelagert.

Eignung

Fenchel schmeckt roh als Salat oder in Saucen gedippt. Gegart kann man ihn mit Käse überbacken, als Gemüse servieren und auch füllen.

Tip

Das zarte Fenchelgrün sollten Sie gewaschen und fein gehackt immer mitverwenden.

Lauch

Lauch, auch unter der Bezeichnung »Porree« im Handel erhältlich, gehört zur Zwiebelfamilie. Er enthält verdauungsfördernde ätherische Öle und ist wie fast alle Gemüse sehr kalorienarm.

Herkunft

Über seine Herkunft kann nur spekuliert werden. Man vermutet das östliche Mittelmeer, Ägypten, China und eine weitere Zahl von möglichen Ursprungsländern.

Unterschiede

Es gibt Sommer- und Winterlauch. Sommerlauch ist zart, die Stangen sind dünn und der obere Teil hellgrün. Man kann ihn auch roh für Salate verwenden. Winterlauch hingegen ist kräftig und der obere Teil dunkelgrün. Sein Geschmack ist würzig-intensiv bis zwiebelartig.

Aufbewahrung

Lauch, der länger gelagert werden soll, an einem dunklen, kühlen und luftigen Ort aufbewahren.

Gedünsteter Fisch mit Fenchel (warm)

Zutaten *150 g Fischfilet, z. B. Goldbarsch- oder Kabeljaufilet • 1 kleine Fenchelknolle • Zitronensaft • Salz • Pfeffer aus der Mühle • Butter trockener Weißwein*

Zubereitung

1 Das Fischfilet kurz überbrausen und trockentupfen. Mit etwas Zitronensaft beträufeln und würzen.
2 Den Fenchel putzen, waschen und in dünne Scheiben schneiden. Das Fenchelgrün fein hacken.
3 Das Fischfilet in erhitzter Butter kurz andünsten. Dann den Fenchel hinzufügen. Mit etwas Weißwein begießen und mit dem Fenchelgrün bestreuen. Zugedeckt ca. 10 Minuten dünsten.

Tip

Anstelle von Fenchelscheiben können Sie auch in feine Ringe geschnittenen Lauch und Karottenjuliennes mitdünsten. Dann zum Bestreuen fein gehackte Petersilie nehmen.

Fenchel-Apfel-Salat mit körnigem Frischkäse (kalt)

Zutaten *1 kleine Fenchelknolle • 1 kleiner rotschaliger Apfel 100 g körniger Frischkäse • Zitronensaft • Salz • Pfeffer aus der Mühle*

Zubereitung

1 Den Fenchel putzen, waschen und in Streifen schneiden. Das Fenchelgrün fein hacken.
2 Den Apfel waschen, vierteln, entkernen und blättrig schneiden. Mit den Fenchelstreifen vermischen.
3 Den körnigen Frischkäse mit Zitronensaft, Salz, Pfeffer und dem Fenchelgrün würzen und abschmecken. Unter den Fenchel-Apfel-Salat mischen.

Tip

Den Apfel in Spalten schneiden und mit den Fenchelstreifen in den körnigen Frischkäse dippen.

Parmesan

Der Parmesan zählt zu den Extrahartkäsen. Das Original, der Parmigiano-Reggiano, wird seit sieben Jahrhunderten immer nach dem gleichen Rezept hergestellt.

Herkunft

Der Parmesan stammt aus Italien. Ähnliche extraharte Käsesorten werden aber beispielsweise auch in der Schweiz hergestellt.

Unterschiede

Neben dem italienischen Original, für dessen Zubereitung pro Kilogramm Käse 16 Liter Milch benötigt werden, gibt es noch andere Parmesankäse nach italienischer Art, die auch in Deutschland produziert werden. Aber keiner hat den Ruf des Parmigiano-Reggiano. In seine Rinde ist das Datum seiner Herstellung eingebrannt. Die Bezeichnung »Export« steht für beste Qualität.

Aufbewahrung

Parmesan bewahrt man am besten in einem beschichteten Käsepapier im Gemüsefach des Kühlschranks oder in einem kühlen, luftigen Keller auf.

Eignung

Parmesan bietet sich zum Bestreuen und Überbacken von Pastagerichten und Gemüsen sowie für Carpaccio an. Außerdem passt er hervorragend als pikanter Snack zu einem Glas Rotwein.

Tip

Parmesan nie auf Vorrat, sondern immer erst kurz vor dem Verwenden reiben. Er trocknet sonst zu sehr aus.

Wichtig

Parmesan lässt sich am einfachsten mit einem speziellen Parmesanbrecher zerkleinern.

Hartkäse

Die Hartkäse präsentieren neben den Extrahartkäsen zwar die Käse mit dem festesten Teig, doch bröckelig, also nicht mehr schnittfähig, ist nur ein kleiner Teil der Sorten.

Herkunft

Jedes Land hat seine traditionellen Hartkäsesorten. In Deutschland zählen der Allgäuer Emmentaler, der Allgäuer Bergkäse, der Chester (Cheddar) und der Viereckhartkäse zu den Standardsorten. Sie sind genau festgelegten Herstellungsvorschriften unterworfen.

Aufbewahrung

Siehe unter »Parmesan«.

Gemüse vom Blech (warm)

Zutaten *1 große, festfleischige Tomate, z. B. Eiertomate • 1 Zucchini 1 kleine Fenchelknolle • Olivenöl • 75 g geriebener Parmesan, 32 % Fett i. Tr. • Salz • Pfeffer aus der Mühle*

Zubereitung

1 Das Gemüse putzen, waschen und in nicht zu dünne Scheiben schneiden. Auf ein mit Backpapier belegtes Blech setzen. Mit wenig Salz und Pfeffer würzen.

2 Die Gemüsescheiben mit etwas Olivenöl bepinseln und gleichmäßig mit dem Parmesan bestreuen. Im auf 180 °C vorgeheizten Backofen überbacken, bis der Käse goldbraun ist.

Tip

Den Parmesan können Sie auch durch ganz fein gewürfelten oder geraspelten Mozzarella ersetzen. Dann nach dem Überbacken das Gemüse eventuell mit Pfeffer übermahlen und Basilikum darüber streuen.

Gemüsecarpaccio (kalt)

Zutaten *1 große festfleischige Tomate, z. B. Fleischtomate • 1 Zucchini 1 Hand voll Rucola • Olivenöl • Balsamessig • 50 g gehobelter Parmesan, 32 % Fett i. Tr.*

Zubereitung

1 Die Tomate und Zucchini putzen, waschen und in dünne Scheiben schneiden. Den Rucola kurz überbrausen und gut trockenschütteln.

2 Das Gemüse und den Rucola auf einem Teller anrichten. Eventuell mit wenig Salz und Pfeffer würzen. Dann mit Olivenöl und Balsamessig beträufeln. Zuletzt die Parmesanspäne darüber streuen.

Tip

Während der Spargelzeit bissfest gegarten und in Stücke geschnittenen grünen Spargel so zubereiten.

Geflügel

Unter dem Begriff »Geflügel« wird landläufig nur an das Hähnchen gedacht. Die Palette an Geflügelprodukten ist jedoch wesentlich größer. Auch die Gans, die Ente und die Pute zählen zum Geflügel. Daneben gibt es noch diverse Wildgeflügel wie z. B. das Rebhuhn und die Wachtel.

Herkunft

Archäologischen Funden zufolge wurde im asiatischen Raum bereits vor rund 5 000 Jahren Geflügel gezüchtet.

Unterschiede

Innerhalb der einzelnen Geflügelgruppen gibt es nur kleine Unterschiede. So werden die Hühner z. B. nach Geschlecht und Gewicht den einzelnen Handelsklassen zugeordnet. Ein Hähnchen ist männlichen, ein Hendl oder ein Poulet weiblichen Geschlechts. Bratfertig müssen sie zwischen 800 und 1 200 Gramm wiegen. Ein Hähnchen, das 1 200 Gramm wiegt, darf auch unter der Bezeichnung »Poularde« verkauft werden. Bei Suppenhühnern handelt es sich um Legehennen, die nach 12 bis 15 Legemonaten geschlachtet werden. Sie können bis zu zwei Kilogramm wiegen. Das Gewicht von Puten, Enten und Gänsen ist wesentlich höher und das Fleisch in der Regel fettreicher als das von Hähnchen und Hühnchen.

Aufbewahrung

Frisches Geflügel sollte man auf jeden Fall im Kühlschrank aufbewahren und möglichst noch am selben Tag zubereiten. Tiefgekühltes Geflügel gehört nach dem Einkauf sofort wieder ins Gefrierfach, wenn es nicht gleich verwendet wird.

Eignung

Üblich ist das Braten und Grillen von Geflügel. Gänse und Puten werden zudem gerne gefüllt.

Wichtig

Geflügel muss vor dem Auftauen aus der Verpackung genommen werden. Wegen der Salmonellengefahr darf das Auftauwasser mit dem Geflügel nicht in Berührung kommen. Alle Arbeitsgeräte müssen nach dem Vorbereiten des Geflügels mit heißem Wasser gründlich gereinigt werden.

Auftauzeit

Die Auftauzeit von Enten, Gänsen und Puten beträgt bei Zimmertemperatur bis zu 24 Stunden, die von Hähnchen 8 bis 12, und die von Poularden 16 bis 20 Stunden.

Putenschnitzel im Paprikamantel mit Blattspinat (warm)

Zutaten *1 dünnes Putenschnitzel • 200 g Blattspinat • 1 fein gehackte Schalotte • 1 fein gehackte Knoblauchzehe • Butter • Salz • Pfeffer aus der Mühle • 1/2 rote Paprikaschote • fein geriebene Haselnüsse 1 verquirltes Ei • Olivenöl*

Zubereitung

1 Den Blattspinat waschen und abtropfen lassen. Die Schalotte und den Knoblauch in etwas erhitzter Butter kurz andünsten. Den Spinat hinzufügen und dünsten, bis er zusammenfällt. Mit Salz und Pfeffer würzen.
2 Die Paprikaschote in ganz feine Würfel schneiden. Das Putenschnitzel mit Salz und Pfeffer würzen. Zuerst in gemahlenen Haselnüssen, dann in Ei und zuletzt in den Paprikawürfelchen wenden.
3 In einer beschichteten Pfanne bei geringer Hitze in Butter mit etwas Olivenöl auf beiden Seiten je 6 Minuten braten. Mit dem Spinat anrichten.

Tip

Anstelle von Blattspinat können Sie auch gedünsteten Mangold zum Putenschnitzel essen.

Geflügelsalat mit Curry und Früchten (kalt)

Zutaten *1/2 gegrilltes Huhn • 125 g Naturjoghurt • Zitronensaft Currypulver • Salz • Pfeffer aus der Mühle • 150 g Mangofleisch oder andere Früchte, z. B. Orangenfilets, Kirschen oder Mandarinenspalten*

Zubereitung

1 Vom Huhn die Haut entfernen und das Fleisch von den Knochen lösen und in Stücke schneiden.
2 Den Joghurt mit dem Zitronensaft und den Gewürzen kräftig abschmecken. Das Mangofleisch in Würfel schneiden und unterrühren. Dann das Geflügelfleisch untermischen. Den Geflügelsalat 30 Minuten ziehen lassen. Eventuell nachwürzen.

Ziegenkäse

Die bei uns angebotenen Ziegenkäse stammen vorwiegend aus Frankreich. Ziegenkäse werden jedoch auch in Italien, Spanien und Griechenland hergestellt.

Herkunft

Der Ziegenkäse ist ein typischer Bauernkäse. Viele der Ziegenkäsesorten werden den Frischkäsen zugeordnet. Man kann also davon ausgehen, dass auch ihre ursprüngliche Herstellung einem Zufall zu verdanken ist.

Unterschiede

Die meisten Ziegenkäse werden aus Rohmilch hergestellt. Einige auch aus einer Mischung von Ziegen- und Kuhmilch. Am bekanntesten sind sicher die Pyramiden. Die Grundform ist dabei immer die gleiche, aber die Farbe der Rinde variiert. Das hängt mit dem Reifegrad zusammen. Eine weiße Pyramide wird mit der Zeit immer bräunlicher, eine schwarze hingegen mehr grau. Bei der schwarzen Farbe handelt es sich übrigens um Pflanzenkohle. Sie entzieht dem Käse die Feuchtigkeit. Die Ziegenkäserollen haben ein kräftg ausgeprägtes Ziegenkäsearoma. Der Geschmack von Ziegenkäse hängt meist von seiner Reife ab. Jung ist er recht mild. Mit zunehmendem Alter schmeckt er jedoch immer kräftiger und würziger.

Aufbewahrung

Ziegenkäse sollte man nur in kleinen Mengen kaufen und in einem beschichteten Käsepapier im Gemüsefach des Kühlschranks aufbewahren.

Eignung

Ziegenkäse schmeckt am besten mit einem Stück Stangenweißbrot und einem Glas Wein. Er bietet sich auch für Salate und zum Überbacken an.

Fetakäse

Man bezeichnet ihn auch als Lakenkäse, da er vier bis sechs Wochen in einer Salzlake reifen muss. Er stammt ursprünglich aus Südosteuropa und wird aus Schafsmilch hergestellt. Damit der Feta etwas würziger schmeckt, mischt man teilweise Schafs- und Ziegenmilch.

Aufbewahrung

Fetakäse sollte man zugedeckt im Kühlschrank aufbewahren. Er muss immer vollständig mit Lake bedeckt sein, damit er nicht austrocknet. Ohne Lake gekaufter Fetakäse ist nur begrenzt haltbar, also rasch zu verbrauchen.

Gebackener Ziegenkäse auf Blattsalaten (warm)

Zutaten *1 kleiner runder Ziegenfrischkäse, 45 % Fett i. Tr. • Olivenöl • 125 g gemischte Blattsalate • 1 EL Rotweinessig • Thymianblättchen • Salz • Pfeffer aus der Mühle*

Zubereitung

1 Den Ziegenkäse mit Pfeffer übermahlen und mit Thymianblättchen über Nacht in Olivenöl einlegen.

2 Aus 2 Esslöffeln Olivenöl, dem Rotweinessig, Salz und Pfeffer ein Dressing zubereiten. Den Ziegenkäse abtropfen lassen und im auf 180 °C vorgeheizten Backofen überbacken, bis er Farbe annimmt.

3 Die Blattsalate auf einem Teller anrichten und mit dem Dressing überziehen. Den gebackenen Ziegenkäse darauf anrichten.

Ziegenkäse auf Paprika-Tomaten-Salat (kalt)

Zutaten *1 kleiner runder Ziegenfrischkäse, 45 % Fett i. Tr. • Olivenöl • 1 kleine rote Paprikaschote • 1 festfleischige Tomate, z. B. Eiertomate • 1 EL Rotweinessig • ein paar schwarze Oliven • Basilikumblätter • Salz • Pfeffer aus der Mühle*

Zubereitung

1 Den Ziegenkäse mit Pfeffer übermahlen und mit Basilikumblättern über Nacht in Olivenöl einlegen.

2 Die Paprikaschote waschen, halbieren, entkernen und in feine Streifen schneiden. Die Tomate in Scheiben schneiden oder achteln. Das Gemüse zusammen mit den Oliven auf einem Teller anrichten.

3 Den Ziegenkäse abtropfen lassen. Das Gemüse mit 1 Esslöffel vom gewürzten Olivenöl und dem Rotweinessig beträufeln. Mit Pfeffer übermahlen und mit Salz würzen.

4 Den Paprika-Tomaten-Salat mit fein gezupftem Basilikum bestreuen und den Ziegenkäse darauf anrichten.

Pfeffer

Bei der Pfefferpflanze handelt es sich um einen immergrünen Kletterstrauch, der sich an Bäumen und Stützpfählen hochrankt. Unreif sind die Pfefferbeeren grün, reif sind sie kräftig orangerot.

Herkunft

Ursprünglich stammt der Pfeffer aus Indien. Er wird aber auch in Ceylon, Malaysia, Brasilien und Madagaskar in großen Mengen für den Export angebaut.

Unterschiede

Schwarzer Pfeffer entsteht, wenn man die unreifen grünen Pfefferbeeren trocknet, anschließend mahlt oder grob zerstößt. Gemahlen sieht er eher hellgrau als schwarz aus.

Weißen Pfeffer erhält man, wenn die reifen roten Beeren zuerst geschält und dann gemahlen werden. Weißer Pfeffer sollte nie grau, sondern immer weißlich gelb sein. Im Gegensatz zu schwarzem Pfeffer schmeckt weißer etwas milder und feiner. Unreife grüne Pfefferbeeren werden auch in Salzlake eingelegt oder getrocknet im Handel angeboten. Bei Cayennepfeffer handelt es sich um getrocknete, fein gemahlene rote Chilischoten, auch spanischer Pfeffer genannt. Er ist besonders scharf, daher sollte man vorsichtig würzen.

Aufbewahrung

Pfeffer sollte man, wie alle Gewürze, immer nur in kleinen Mengen kaufen, da sie schnell ihr typisches Aroma verlieren. Zudem müssen Gewürze vor Licht und Hitze geschützt aufbewahrt werden.

Eignung

Schwarzen Pfeffer verwendet man zum Würzen von dunklen Braten und Saucen, von Gegrilltem, von Ragouts, von Eintöpfen, von Füllungen und von Pastagerichten. Weißer Pfeffer bietet sich für helle Fleischgerichte und Saucen sowie für Cremesuppen an. Eingelegten grünen Pfeffer kann man zu Steaks, Tatar und ähnlichen Gerichten servieren.

Tip

Am aromatischsten schmeckt Pfeffer ganz frisch gemahlen, also aus der Pfeffermühle.

Wichtig

Cayennepfeffer wird dunkel und schmeckt etwas bitter, wenn er mit heißem Fett in Berührung kommt. Man sollte ihn daher vorsichtig andünsten, damit das Aroma freigesetzt wird. Das Gleiche gilt auch für Paprika und Curry.

Hacksteak mit Gemüse (warm)

Zutaten *125 g Tatar • 100 g Zuckerschoten • 1 Karotte • 1 fein gehackte Schalotte • Butter • Salz • Pfeffer aus der Mühle*

Zubereitung

1 Aus dem Tatar ein flaches Hacksteak formen. In einer beschichteten Pfanne in wenig Butter auf beiden Seiten je 4 Minuten braten. Dann leicht mit Salz und Pfeffer würzen.

2 Das Gemüse putzen und waschen bzw. schälen. Die Zuckerschoten eventuell halbieren. Die Karotte in schräge Scheiben schneiden

3 Die Schalotte in wenig erhitzter Butter kurz anschwitzen. Das Gemüse hinzufügen und ca. 10 Minuten dünsten. Mit Salz und Pfeffer würzen. Zum Hacksteak essen.

Tip

Variieren Sie das Gemüse je nach Jahreszeit und persönlichen Vorlieben. Oder essen Sie zum Hacksteak einen gemischten Blattsalat mit einem Joghurt-Kräuter-Dressing.

Rindercarpaccio mit Rucola (kalt)

Zutaten *75 g in hauchdünne Scheiben geschnittenes Rinderfilet oder Bündnerfleisch • 1 Hand voll Rucola • Zitronensaft • Olivenöl • Salz Pfeffer aus der Mühle • 50 g gehobelter Parmesan, 32 % Fett i. Tr.*

Zubereitung

1 Den Rucola kurz überbrausen und gut trockenschütteln. Zusammen mit den Rinderfiletscheiben oder dem Bündnerfleisch auf einem Teller anrichten.

2 Das Fleisch und den Rucola mit Zitronensaft und Olivenöl beträufeln. Dann mit wenig Salz würzen und mit Pfeffer übermahlen. Zuletzt die Parmesanspäne darüber streuen.

Oliven

Oliven sind die Früchte des Ölbaums, um den sich unzählige Geschichten und Sagen ranken. Er zählt zu den ältesten Kulturpflanzen des Mittelmeerraums.

Herkunft

Der Öl- oder Olivenbaum wird in den Mittelmeerländern und im Vorderen Orient kultiviert. Der größte Teil der bei uns angebotenen Oliven stammt aus Spanien, Griechenland und Italien.

Unterschiede

Die Früchte werden entweder unreif, d. h. grün, oder reif, also schwarz, geerntet. Die grünen, noch unreifen Früchte werden entbittert und in Salzwasser eingelegt. Speziell grüne Oliven findet man unterschiedlich gefüllt im Handel. Als Füllung dienen Paprikastückchen, Mandeln, Knoblauchzehen, Sardellenpaste u. Ä. Immer häufiger werden grüne Oliven auch lose mit Kräutern und Knoblauch oder Zitronenschale eingelegt angeboten. Der Anteil an schwarzen Oliven ist im Handel unbedeutend. Schwarze Oliven enthalten mehr Vitamine als die bei uns beliebteren grünen. Ihr Fruchtfleisch ist nicht ganz so fest wie das von grünen Oliven.

Aufbewahrung

Oliven sollte man gut verschlossen bzw. abgedeckt im Kühlschrank aufbewahren.

Eignung

In der mediterranen Küche findet man Oliven nahezu in jedem Gericht. Bei uns werden sie in der Regel nur so geknabbert oder auf der Pizza verzehrt. Oliven bieten sich jedoch auch für Füllungen, Salate, Pastagerichte u. v. a. m. an. Am besten einfach einmal ausprobieren.

Rucola

Rucola wird auch Rauke genannt. Er zählt sowohl zu den Kräutern als auch zu den Blattsalaten. Seine Blätter sind hell- bis dunkelgrün, wie ein Eichenblatt gezackt und länglich. Rucola schmeckt nussartig. Rucola aus dem Treibhaus wird, wie andere Kräuter, in Bündeln angeboten. Freilandrucola kann man auch lose kaufen.

Aufbewahrung

Rucola sollte man mit Wasser besprühen und in einer locker verschlossenen Plastiktüte im Gemüsefach des Kühlschranks aufbewahren. Innerhalb von zwei Tagen verbrauchen. Besser: Noch am gleichen Tag verwenden.

Gemüsesuppe mit Käse (warm)

Zutaten *250 g gemischtes Gemüse der Saison, z. B. Karotten, Blumenkohlröschen und Zuckerschoten • Butter • 1/4 l Gemüsebrühe • Salz Pfeffer aus der Mühle • fein gehackte Petersilie • 50 g geriebener Gouda oder Edamer, 40 % Fett i. Tr.*

Zubereitung

1 Das Gemüse putzen, waschen und in mundgerechte Stücke schneiden. Dann das Gemüse in wenig erhitzter Butter kurz dünsten. Mit der Gemüsebrühe auffüllen und bissfest garen.

2 Die Gemüsesuppe mit Salz, Pfeffer und fein gehackter Petersilie würzen und abschmecken. Zuletzt den Käse darüber streuen.

Tip

Den Käse weglassen und dafür kurz vor Ende der Garzeit 1 in feine Streifen geschnittenes Schollenfilet hinzufügen und in der Gemüsesuppe pochieren.

Käsesalat mit Paprika und Oliven (kalt)

Zutaten *100 g Tilsiter, 40 % Fett i. Tr. • 1 kleine rote Paprikaschote ein paar entsteinte schwarze Oliven • 1 Hand voll Rucola • 2 EL Olivenöl • 1 EL Rotweinessig • Salz • Pfeffer aus der Mühle*

Zubereitung

1 Den Tilsiter in Würfel schneiden. Die Paprikaschote putzen und waschen. Dann in feine Würfelchen schneiden. Die Oliven fein hacken. Den Rucola kurz überbrausen und gut trockenschütteln.

2 Das Olivenöl mit dem Rotweinessig, Salz und Pfeffer zu einem Dressing verrühren. Die Paprika- und Olivenwürfelchen damit anmachen. Anschließend die Käsewürfel untermischen.

3 Den Rucola auf einem Teller verteilen. Den Käsesalat darauf anrichten.

Blumenkohl

Blumenkohl nennt man auch Trauben- oder Brüsseler Kohl. Wie sein Name bereits verrät, zählt er zu den Kohlgemüsen. Im Gegensatz zu anderen Kohlsorten ist Blumenkohl jedoch leicht verdaulich. Er wirkt entwässernd, Blut bildend, blutdrucksenkend, hilft bei Nieren- und Blasenproblemen sowie beim Aufbau der Darmschleimhaut und kräftigt das Immunsystem.

Herkunft

Der bei uns angebotene Blumenkohl stammt aus heimischem Anbau oder anderen europäischen Nachbarländern.

Unterschiede

Damit seine weiße Farbe erhalten bleibt, muss er beim Wachsen absolut vor Licht geschützt werden. Schon beim geringsten Lichteinfall verfärben sich die Köpfe gelb oder violett. Auf den Geschmack hat dies keinen Einfluss. Außerdem ist gelber Blumenkohl länger haltbar.

Aufbewahrung

Blumenkohl sollte man nach Möglichkeit noch am gleichen Tag zubereiten. Ansonsten hält er sich ein bis zwei Tage im Gemüsefach des Kühlschranks.

Eignung

Blumenkohl bietet sich für viele Gerichte an. Man kann ihn kochen, überbacken und als Salat zubereiten. Der Phantasie sind keine Grenzen gesetzt.

Tip

Frischer Blumenkohl hat einen festen Kopf und geschlossene Röschen. Die grünen Blätter und Strünke, die den Kopf vor dem Austrocknen schützen, können fein gehackt als Gemüse mit zubereitet werden.

Frühlingszwiebeln

Die kleinen, milderen aromatischen Würzzwiebeln werden nicht nur im Frühjahr, sondern das ganze Jahr hindurch angeboten. Das Besondere an ihnen: Das Grün kann wie Schnittlauch verwendet werden. Man schneidet es in dünne Ringe, mischt es unter Salate oder verfeinert Gemüsegerichte und Quarkspeisen damit.

Herkunft

Die bei uns angebotenen Frühlingszwiebeln stammen aus heimischem Anbau und aus Italien. Dort stippt man die Zwiebeln in Salz.

Blumenkohl mit Käse und Schinken überbacken (warm)

Zutaten *250 g Blumenkohlröschen • 50 g magerer gekochter Schinken 50 g Gouda oder Edamer, 40 % Fett i. Tr. • Salz • Pfeffer aus der Mühle Butter für die Form*

Zubereitung

1 Die Blumenkohlröschen in Salzwasser bissfest garen. Gut abtropfen lassen. Den Schinken und den Käse in feine Würfel oder Streifen schneiden.
2 Eine kleine, feuerfeste Auflaufform mit etwas Butter ausstreichen. Die Blumenkohlröschen darin verteilen. Mit wenig Salz und Pfeffer würzen. Dann die Schinken- und Käsewürfelchen darüber streuen. Ein paar Butterflöckchen darauf setzen.
3 Den Blumenkohl im auf 180 °C vorgeheizten Backofen überbacken, bis der Käse geschmolzen ist.

Tip

Nach Geschmack können Sie auch Blumenkohl- und Brokkoliröschen mischen.

Blumenkohlsalat mit körnigem Frischkäse (kalt)

Zutaten *250 g Blumenkohlröschen • 1 Frühlingszwiebel • 2 EL Sonnenblumenöl • 1 EL Zitronensaft oder Weißweinessig • Salz • Pfeffer aus der Mühle • 100 g körniger Frischkäse • Currypulver*

Zubereitung

1 Die Blumenkohlröschen gründlich waschen und gut abtropfen lassen. Eventuell halbieren. Die Frühlingszwiebel putzen, waschen und mitsamt dem Grün in dünne Ringe schneiden.
2 Das Sonnenblumenöl mit dem Zitronensaft, Salz und Pfeffer zu einem Dressing verrühren. Die Blumenkohlröschen und die Frühlingszwiebel damit anmachen.
3 Den Frischkäse mit Curry kräftig abschmecken. Zum Blumenkohlsalat essen.

Scholle

Man nennt sie auch Goldbutt. Die Scholle zählt zu den Plattfischen. Sie ist als ganzer Fisch und filetiert erhältlich.

Herkunft

Die Scholle wird im Nordatlantik, in Nord- und Ostsee sowie im Eismeer gefangen.

Aufbewahrung

Die Scholle gehört wie alle frischen Fische in den Kühlschrank und sollte möglichst noch am gleichen Tag zubereitet werden.

Eignung

Am typischsten für die Scholle ist das Braten. Man kann die Filets aber auch in Wein mit Gewürzen und Kräutern pochieren.

Wichtig

Scholle ist besonders fettarm und enthält reichlich Eiweiß.

Tip

Die Scholle ist besonders beliebt, weil sie der ideale Portionsfisch ist. Wenn Sie Gäste einladen und Fisch servieren möchten, dann greifen Sie zur vergleichsweise preiswerten Scholle. Optisch schön sehen Schollenfilets zu Röllchen geformt und im Wein-Dill-Sud pochiert aus.

Nordseekrabben

Die Nordseekrabbe zählt zu den Garnelen. Die Bezeichnung »Krabbe« ist zoologisch falsch. So werden eigentlich nur die kurzschwänzigen Krebse genannt.

Herkunft

Sie werden vorwiegend in den Sommermonaten im Wattenmeer der Nordsee gefangen.

Unterschiede

Da Nordseekrabben schnell verderben, werden sie direkt nach dem Fang an Bord gekocht. Sie kommen geschält und ungeschält in den Handel.

Aufbewahrung

Nordseekrabben gehören in den Kühlschrank und sollten möglichst noch am gleichen Tag verzehrt werden.

Eignung

Nordseekrabben schmecken besonders gut auf gebuttertem Schwarzbrot, in Rühreiern und als Krabbencocktail.

Tip

Wer die Möglichkeit hat, sollte Nordseekrabben direkt vom Fischkutter kaufen und selbst aus der Schale »pulen«. So schmecken sie nämlich am allerbesten.

Schollenfilets mit Krabben (warm)

Zutaten *2 kleine Schollenfilets • Zitronensaft • Salz • Pfeffer aus der Mühle • 50 g Nordseekrabben • 125 g gemischte Blattsalate • 2 EL Olivenöl • 1 EL Rotweinessig • Schnittlauchröllchen • Butter zum Braten*

Zubereitung

1 Die Schollenfilets kurz überbrausen und trockentupfen. Mit Zitronensaft beträufeln, salzen und pfeffern. In einer beschichteten Pfanne in wenig Butter auf beiden Seiten braten. Zuletzt die Krabben kurz mit erhitzen.
2 Das Olivenöl mit dem Rotweinessig, Salz und Pfeffer zu einem Dressing verrühren. Die Blattsalate damit anmachen. Zuletzt mit Schnittlauchröllchen bestreuen. Zu den Schollenfilets essen.

Tip

Anstelle von Schollenfilets können Sie auch Seezungenfilets nehmen.

Krabbencocktail (kalt)

Zutaten *100 g Tiefseegarnelen • 125 g Naturjoghurt • Zitronensaft fein gewiegter Dill • Salz • Pfeffer aus der Mühle*

Zubereitung

1 Die Tiefseegarnelen überbrausen und gut abtropfen lassen.
2 Den Joghurt mit Zitronensaft, Dill, Salz und Pfeffer kräftig abschmecken.
3 Die Tiefseegarnelen untermischen. Den Krabbencocktail 15 Minuten ziehen lassen.

Tip

Eventuell noch 1 hart gekochtes, fein gehacktes Ei mit unter den Krabbencocktail mischen oder den Cocktail auf Scheiben von hart gekochtem Ei anrichten. Shrimps ist übrigens der englische Sammelbegriff für Tiefseegarnelen, egal welche Größe sie haben.

Kartoffeln

Lange Zeit schätzte man die Kartoffel in Europa wegen ihrer schönen Blüten als Zierpflanze. Erst Jahrzehnte später entdeckte man auch ihre inneren Werte.

Herkunft

Ihre Heimat sind die südamerikanischen Anden. Bereits die Inkas bauten in Peru Kartoffeln an. Die Spanier brachten sie 1560 von einer ihrer Entdeckungsreisen mit nach Europa.

Unterschiede

Es gibt verschiedene Unterscheidungskriterien. Zum einen unterscheidet man nach dem Erntezeitpunkt. Es gibt sehr frühe, frühe, mittelfrühe, mittelspäte und späte Kartoffelsorten. Ein weiteres Kriterium ist die Kocheigenschaft. Hier teilt man in fest kochende, vorwiegend fest kochende und mehlig kochende Kartoffeln ein. Fest kochende Kartoffeln haben ein festes, kerniges Fleisch und behalten beim Kochen ihre Struktur. Sie eignen sich für Kartoffelsalate und -gratins sowie für Brat- und Pellkartoffeln. Vorwiegend fest kochende Kartoffeln werden beim Kochen weicher. Sie bieten sich für Salzkartoffeln und pürierte Kartoffelsuppen an. Mehlig kochende Kartoffeln haben einen besonders hohen Stärkegehalt und lassen sich daher nach dem Kochen gut zerstampfen, pürieren und zerkleinern. Sie sind ideal für Kartoffelpüree, Kartoffelknödel und für Folienkartoffeln.

Aufbewahrung

Kartoffeln in größeren Mengen bewahrt man am besten in einem kühlen, dunklen und gut belüfteten Keller auf.

Eignung

Wofür sich eine Kartoffel eignet, hängt von der Kocheigenschaft der jeweiligen Sorte ab.

Tip

Kartoffeln immer in der Schale garen und erst dann pellen. Denn direkt unter der Schale befinden sich die wertvollen Mineralstoffe, speziell Kalium. Darüber hinaus enthalten Kartoffeln recht viel Vitamin C, das allerdings beim Kochen teilweise verloren geht. Trotzdem kann man mit einer normalen Portion Kartoffeln rund die Hälfte seines täglichen Bedarfs an Vitamin C decken.

Wichtig

Alte, gekeimte Kartoffeln müssen großzügig geschält werden. Grüne Kartoffeln sind weitgehend ungenießbar.

Blechkartoffeln mit Käse (warm)

Zutaten *250 g fest kochende Kartoffeln • Sonnenblumenöl 75 g geriebener Raclettekäse, 48 % Fett i.Tr. • 125 g gemischte Blattsalate 2 EL Olivenöl • 1 EL Rotweinessig • Salz • Pfeffer aus der Mühle*

Zubereitung

1 Die Kartoffeln waschen, schälen und in 1/2 Zentimeter dicke Scheiben schneiden.
2 Die Kartoffelscheiben auf einem mit Backpapier belegten Blech verteilen. Mit etwas Sonnenblumenöl bepinseln. Auf der Mittelschiene im auf 200 °C vorgeheizten Backofen ca. 25 Minuten backen.
3 Kurz vor Ende der Garzeit den Käse über die Kartoffeln streuen und schmelzen lassen.
4 Das Olivenöl mit dem Rotweinessig, Salz und Pfeffer zu einem Dressing verrühren. Die Blattsalate damit anmachen. Zu den Blechkartoffeln essen.

Tip

Aufs Backpapier zuerst Kümmelsamen streuen und dann die Kartoffelscheiben darauf verteilen.

Kartoffel-Radieschen-Salat (kalt)

Zutaten *250 g gegarte fest kochende Kartoffeln • 100 ml warme Gemüsebrühe • 1 Bund Radieschen • 2 EL Sonnenblumenöl • 1 EL Weinessig 1 Messerspitze Senf • Salz • Pfeffer aus der Mühle • Schnittlauch*

Zubereitung

1 Die Kartoffeln pellen und in Scheiben schneiden. Mit der Gemüsebrühe übergießen und ziehen lassen.
2 Die Radieschen in Scheibchen schneiden.
3 Das Sonnenblumenöl mit dem Essig, dem Senf, Salz und Pfeffer zu einem Dressing verrühren.
4 Die Kartoffeln und Radieschen locker vermischen und mit dem Dressing anmachen. Zuletzt mit Schnittlauchröllchen bestreuen.

Nüsse (Schalenobst)

Als so genanntes Schalenobst hat man sie den Früchten zugeordnet. Unter dem Oberbegriff »Nüsse« werden neben »echten« Nüssen auch Samen verkauft. Sie werden in der Schale, geschält, gehobelt, gehackt und in diversen anderen Formen angeboten.

Herkunft

Je nach Nusssorte ist die Herkunft ganz unterschiedlich. Die Cashewkerne stammen beispielsweise vorwiegend aus Afrika und Indien. Hasel- und Walnüsse hingegen sind auch aus heimischem Anbau erhältlich.

Unterschiede

Die verschiedenen Nusssorten unterscheiden sich sowohl im Aussehen als auch im Geschmack. Eine Besonderheit ist die Erdnuss, die botanisch gesehen zu den Hülsenfrüchten zählt. Generell sind alle Nüsse sehr kalorienreich, da sie viel Fett enthalten. Allerdings handelt es sich dabei zum Teil auch um wertvolle essenzielle Fettsäuren, die der Körper selbst nicht produzieren kann. Darüber hinaus liefern Nüsse eine Reihe wichtiger Vitamine und Mineralstoffe, wie beispielsweise Vitamine der B-Gruppe, Vitamin E und Kalium, und fördern die Konzentration.

Aufbewahrung

Nüsse sollte man so rasch wie möglich verbrauchen, da sie leicht ranzig werden. Geschälte Nüsse bleiben luftdicht verpackt im Kühlschrank bis zu vier Monate, im Gefriergerät bis zu sechs Monate frisch. Nüsse in der Schale sind etwa doppelt so lange haltbar, wenn man sie kühl, dunkel und trocken lagert.

Eignung

Nüsse bieten sich zum Knabbern an und werden gerne zum Backen verwendet. Man kann aber auch Desserts und Müslis mit ihnen verfeinern oder sie zu Käse und in Käsesalaten servieren.

Tip

Nüsse in der Schale sollten sauber und für ihre Größe schwer sein, die Schale unverletzt. Außer bei Erdnüssen darf beim Schütteln im Inneren nichts klappern. Geschälte Nüsse sollten bissfest, knackig und gleich groß sein.

Wichtig

Da Nüsse sehr kalorienreich sind, sollte man sie möglichst nur in kleinen Mengen verzehren. Und dies auch nur ab und zu.

Tomaten-Brot-Auflauf mit Käse (warm)

Zutaten *2 Scheiben Vollkornbrot • 2 festfleischige Tomaten, z. B. Eiertomaten • 50 g Romadur oder Tilsiter, 50 % Fett i. Tr. • Salz • Pfeffer aus der Mühle • 50 ml Gemüsebrühe • Schnittlauchröllchen • Butter für die Auflaufform*

Zubereitung

1 Die Vollkornbrotscheiben vierteln. Die Tomaten in Scheiben schneiden. Den Romadur ebenfalls in dünne Scheiben schneiden.
2 Eine kleine, feuerfeste Form mit Butter ausstreichen. Abwechselnd Brot- und Tomatenscheiben hineinschichten. Mit Salz und Pfeffer würzen.
3 Die Gemüsebrühe zugießen. Dann mit den Romadurscheiben belegen. Im auf 200 °C vorgeheizten Backofen ca. 15 Minuten überbacken. Zuletzt mit Schnittlauchröllchen bestreuen.

Tip

Dazu schmeckt am besten ein Paprikasalat mit einem Essig-Öl-Dressing.

Käse-Rucola-Sandwich (kalt)

Zutaten *2 Scheiben Vollkornbrot • Butter • 50 g Weichkäse mit Blauschimmel, 70 % Fett i. Tr. • fein gehackte Haselnüsse • ein paar Blätter Rucola*

Zubereitung

1 Die Brotscheiben dünn mit Butter bestreichen.
2 Den Weichkäse mit Blauschimmel in dünne Scheiben schneiden. Auf einer der bestrichenen Brotscheiben verteilen. Dann mit gehackten Haselnüssen bestreuen.
3 Den Rucola darauf verteilen und mit der zweiten Brotscheibe zudecken. Das Sandwich etwas zusammendrücken und einmal halbieren.

Basilikum

Basilikum wird auch als Königskraut bezeichnet und rangiert ganz oben auf der Beliebtheitsskala. Zu den klassischen Gerichten mit Basilikum zählen Pasta mit Pesto und Tomaten mit Mozzarella.

Herkunft

Basilikum stammt ursprünglich aus Südasien. Inzwischen wird es in ganz Europa angebaut.
Die kräftigsten Basilikumpflanzen wachsen jedoch, klimatisch bedingt, in Italien und Südfrankreich. Von dort kommt auch der größte Teil des bei uns verwendeten Saatgutes.

Unterschiede

Es gibt verschiedene Basilikumsorten, die auch ganz unterschiedlich schmecken. In unseren Breitengraden besteht der Unterschied in der Regel darin, ob das Basilikum aus dem Treibhaus oder aus Freilandanbau stammt. Erstgenanntes hat zartere, hellere Blätter und ist »saftiger«. Freilandbasilikum hingegen ist kräftiger und robuster. Beide haben ein frisches, an Pfeffer erinnerndes und zugleich leicht süßliches Aroma. Basilikum aus dem Treibhaus wird nur in Töpfchen angeboten.

Aufbewahrung

Basilikum sollte man mit Wasser besprühen und in einer locker verschlossenen Plastiktüte im Gemüsefach des Kühlschranks aufbewahren. Innerhalb von zwei Tagen verbrauchen.

Eignung

Basilikum passt besonders gut zu Gemüse wie z. B. Tomaten, Paprikaschoten, Auberginen und Zucchini.

Tip

Damit vom typischen Aroma nichts verloren geht, werden die Basilikumblätter immer mit den Fingern klein gezupft. Außerdem sollte man beim Kochen immer nur einen Teil der klein gezupften Blätter mitgaren und den Rest frisch über das Gericht streuen.

Basilikum selbst ziehen

Basilikum lässt sich gut in einem Töpfchen auf der Fensterbank oder im Garten ziehen. Da es keinen Frost verträgt, am besten erst nach den Eisheiligen an einen sonnigen, vor Regen geschützten Platz ins Freie stellen. Die Triebspitzen und die sich bildenden Blütenknospen immer gleich abschneiden oder abknipsen. Basilikum muss reichlich gegossen werden.

Spaghetti mit Tomaten und Basilikum (warm)

Zutaten *80 g Vollkornspaghetti • 1 große, festfleischige Tomate, z. B. Fleischtomate • 1 Chilischote • 2 fein gehackte Knoblauchzehen 2 EL Olivenöl • Salz • Pfeffer aus der Mühle • Basilikumblätter*

Zubereitung

1 Die Vollkornspaghetti nach Vorschrift in reichlich Salzwasser bissfest garen.
2 Die Tomate kurz in heißes Wasser tauchen, häuten, halbieren, entkernen und fein würfeln. Die Chilischote halbieren, entkernen und in Streifen schneiden.
3 Den Knoblauch und die Chilischote im erhitzten Olivenöl goldgelb braten. Dann die Tomatenwürfelchen hinzufügen und kurz miterhitzen. Mit Salz würzen.
4 Die Spaghetti abgießen. Mit dem Knoblauch-Tomaten-Öl vermischen. Zuletzt mit Pfeffer übermahlen und fein gezupftes Basilikum darüber streuen.

Tip

Nach Wunsch mit vollfettem geriebenen Käse, z. B. Gouda, 48 % Fett i.Tr., bestreuen.

Nudelsalat mit Spargel (kalt)

Zutaten *80 g gegarte Vollkornhörnchennudeln • 250 g grüner Spargel 2 El Olivenöl • 1 EL Balsamessig • Salz • Pfeffer aus der Mühle 50 g Hobelkäse, 50 % Fett i. Tr.*

Zubereitung

1 Den Spargel frisch anschneiden. Dann in mundgerechte Stücke schneiden und in Salzwasser bissfest garen. Gut abtropfen lassen.
2 Das Olivenöl mit dem Balsamessig, Salz und Pfeffer zu einem Dressing verrühren.
3 Die Hörnchennudeln mit dem Spargel locker vermischen und mit dem Dressing anmachen. Zuletzt den Hobelkäse darüber streuen.

Tomaten

Man nennt die leuchtend roten Früchte eines Nachtschattengewächses auch Liebesäpfel, Paradiesäpfel und Paradeiser. Wie die Kartoffel wurde sie in Europa lange Zeit nur als Zierpflanze betrachtet.

Herkunft

Tomaten stammen ursprünglich aus Mexiko und Peru. Heute werden sie in vielen Ländern angebaut. Tomaten aus heimischem Anbau sind bei uns von Juli bis November erhältlich.

Unterschiede

Tomaten unterscheiden sich in ihrer Form, ihrem Anteil an Fruchtfleisch und Saft und ihrem Geschmack. Die runde Tomate war jahrzehntelang die deutsche Tomate schlechthin, obwohl sie größtenteils in Holland angebaut wurde. Inzwischen sind es die Strauch- und Kirschtomaten, die bevorzugt gekauft werden. Beide haben einen leicht süßlichen Geschmack, sind fest und zugleich saftig. Ganz anders hingegen die Fleischtomaten. Hier sollte der feste Anteil überwiegen. Die klassische Fleischtomate wiegt zwischen 150 und 200 Gramm. Eine Alternative zu ihr sind die länglichen italienischen Eiertomaten, die süßlicher schmecken und noch fester sind, d. h. noch weniger Saft enthalten. Sie bieten sich für Tomaten mit Mozzarella und Basilikum an.

Aufbewahrung

Tomaten sollte man nie im Kühlschrank aufbewahren. Denn dabei verlieren sie an Aroma. Darüber hinaus dürfen sie nicht mit Gurken oder Blumenkohl zusammen gelagert werden. Tomaten scheiden Äthylen aus, das Gurken leicht vergilben lässt, Blumenkohl verliert an Festigkeit.

Eignung

Tomaten eignen sich für Salate, zum Füllen, zum Grillen, speziell für Saucen zu Pasta und zum Überbacken.

Tip

Als Kräuter bieten sich neben Basilikum auch Schnittlauch und Thymian zum Würzen von Tomatengerichten an. Besonders gut schmeckt kräftiges Bauernbrot mit Butter bestrichen, großzügig mit Tomatenscheiben belegt und mit Schnittlauchröllchen bestreut.

Wichtig

Unreife Tomaten reifen bei Zimmertemperatur nach. Grüne Tomaten sind zum Verzehr nicht geeignet.

Spaghetti mit Kräutercreme und Oliven (warm)

Zutaten *80 g Vollkornspaghetti • 1/2 Becher Crème fraîche • fein gezupfte Kräuter, z. B. Basilikum oder Thymian und Oregano • ein paar entsteinte schwarze oder grüne Oliven • Pfeffer aus der Mühle*

Zubereitung

1 Die Vollkornspaghetti nach Vorschrift in reichlich Salzwasser bissfest garen.

2 Die Spaghetti abgießen und wieder in den Topf zurückgeben. Die Crème fraîche, die Kräuter und die Oliven unterrühren. Kurz miterhitzen. Zuletzt mit Pfeffer übermahlen.

Tip

Dazu passt am besten ein Tomatensalat mit einem Essig-Öl-Dressing.

Nudelsalat mit Paprika und Tomate (kalt)

Zutaten *80 g gegarte Vollkornhörnchennudeln • 1 rote Paprikaschote 1 große feste Tomate, z. B. Eiertomate • 2 EL Olivenöl • 1 EL Rotweinessig • Salz • Pfeffer aus der Mühle • Basilikumblätter*

Zubereitung

1 Das Gemüse putzen und waschen. Die Paprikaschote in Rauten schneiden. Die Tomate in Scheiben oder Würfel schneiden.

2 Das Olivenöl mit dem Rotweinessig, Salz und Pfeffer zu einem Dressing verrühren.

3 Die Hörnchennudeln mit dem Gemüse locker vermischen und mit dem Dressing anmachen. Zuletzt mit fein gezupftem Basilikum bestreuen.

Tip

Zusätzlich ein paar in feine Scheiben geschnittene Oliven oder gehackte Kapern untermischen. Variante: Im Frühling gegarte Spargelstücke und blanchierte Zuckerschoten unter die Nudeln mischen.

Wildreis

Die Bezeichnung »Wildreis« ist eigentlich nicht richtig. Denn bei Wildreis handelt es sich um den Samen eines blühenden Wassergrases. Da seine Kultivierung extrem aufwendig ist, sind die Preise für Wildreis entsprechend hoch.

Herkunft

Wildreis gedeiht in den riesigen Seen- und Flußgebieten Nordamerikas. Die Indianer nannten ihn das kostbare Korn. Er ist das einzige »Getreide«, das auf dem nordamerikanischen Kontinent beheimatet ist.

Unterschiede

Da Wildreis relativ teuer ist, findet man neben reinem Wildreis auch Reismischungen mit wildem Reis im Handel. Wildreis hat einen Eiweißgehalt von mehr als 14 Prozent. Damit ist er wesentlich eiweißreicher als der herkömmliche weiße Reis und nimmt eine Spitzenposition unter den Getreiden ein. Daneben enthält er Vitamine der B-Gruppe und diverse Mineralstoffe wie Kalzium, Eisen, Magnesium und Kalium. Die übliche Kochzeit von Wildreis beträgt 45 bis 50 Minuten. Sie kann jedoch bis zu fünf Minuten minimiert werden.

Aufbewahrung

Wildreis ist nahezu unbegrenzt haltbar, wenn er trocken und luftdicht verpackt gelagert wird. Gekocht hält er sich im Kühlschrank eine Woche, im Gefriergerät bis zu sechs Monaten.

Eignung

Wildreis wurde in den USA traditionell als Truthahnfüllung verwendet, doch man kann ihn wesentlich vielseitiger zubereiten. Wildreis eignet sich für Salate, Suppen, Blinis, Risottos und sogar für Desserts. Und natürlich auch als Beilage zu Geflügel-, Fleisch- und Fischgerichten.

Tip

Für Müsli können Sie anstelle von Haferflocken auch gegarten Wildreis mit fein geschnittenen Trockenfrüchten und Milch verrühren.

Wichtig

Wildreis ist sehr ergiebig und quillt beim Garen besonders stark. Daher sollte man zum Kochen drei Teile Wasser und einen Teil Wildreis nehmen. Beim weißen Reis ist dieses Verhältnis zwei zu eins. Desserts mit Wildreis sollte man sofort servieren, da der Zucker den Wildreis wieder erhärten kann.

Zucchini mit Wildreisfüllung (warm)

Zutaten *50 g gegarter Wildreis • 1 große Zucchini • 2 Tomaten 1/2 fein gehackte Schalotte • 1 fein gehackte Knoblauchzehe • Olivenöl Salz • Pfeffer aus der Mühle • Thymianblättchen • 50 g geriebener Gouda, 48 % Fett i.Tr.*

Zubereitung

1 Die Zucchini längs halbieren und bis auf einen kleinen Rand aushöhlen. Das Zucchinifleisch und die Tomaten fein würfeln.
2 Die Schalotte und den Knoblauch in erhitztem Olivenöl kurz andünsten. Das Zucchinifleisch und die Tomatenwürfel hinzufügen und kurz miterhitzen. Dann den Wildreis untermischen und alles mit Salz, Pfeffer und Thymianblättchen würzen.
3 Das Gemüse-Wildreis-Gemisch in die Zucchinihälften füllen und mit dem Käse bestreuen. Im auf 220 °C vorgeheizten Backofen 10–15 Minuten überbacken.

Tip

Die Tomaten durch blättrig geschnittene Pilze, z. B. Egerlinge oder Shiitakepilze, ersetzen.

Wildreis-Gemüse-Salat (kalt)

Zutaten *50 g gegarter Wildreis • 250 g blanchiertes Gemüse, z. B. Karottenstifte und Zuckerschoten • Saft von 1/2 Zitrone • Basilikumblätter Salz • Pfeffer aus der Mühle • 1 Messerspitze Senf • 1 EL Crème fraîche • 2 EL Olivenöl*

Zubereitung

1 Den Wildreis mit dem Gemüse locker vermischen.
2 Den Zitronensaft mit fein gezupftem Basilikum und den übrigen Zutaten im Mixer pürieren und abschmecken.
3 Den Wildreis-Gemüse-Salat damit anmachen. Vor dem Essen 30 Minuten ziehen lassen.

Mais

Mais zählt zu den Getreideprodukten, genauer gesagt zu den Grasgewächsen, und ist eines der wichtigsten Grundnahrungsmittel in allen südamerikanischen Ländern. Je nach Sorte und Anbaugebiet kann die Maispflanze bis zu fünf Meter hoch werden.

Herkunft

Ursprünglich stammt der Mais aus dem peruanischen Andenhochland. Eine Hungersnot in Irland führte zur geschmacklichen Entdeckung der gelben Körner in Europa. Maiskolben aus heimischem Anbau sind bei uns von Ende Juli bis Mitte Oktober im Handel erhältlich.

Unterschiede

Grüner, noch nicht ganz ausgereifter Gemüsemais hat zarte, blass- bis goldgelbe Körner. Die Kolben sind von hellgrünen Deckblättern umgeben. Vor dem Garen müssen sie und die anhaftenden Fäden entfernt werden. Kleine Kölbchen werden ganz, beispielsweise süß-sauer, eingelegt, von größeren Kolben werden die Körner entfernt und tiefgefroren oder in Dosen und Gläsern konserviert. Sie bieten sich für den Vorrat an, da sie vielseitig verwendbar sind.

Aufbewahrung

In einem Gemüsefach des Kühlschranks halten sich ganze Maiskolben einige Tage.

Eignung

In Dosen konservierte Maiskörner bieten sich für Maissalate, zum Belegen von Pizzen und für Maisküchlein an. Die frischen Kolben eignen sich zum Grillen.

Tip

Beim Einkauf sollte man darauf achten, dass die Blätter den Kolben fest umschließen und frisch sind. Das Kolbenende muss feucht und die Fäden sauber sein. Wenn man auf die Maiskörner drückt, sollte eine milchige Flüssigkeit austreten. Reife Maiskörner sind trocken und schmecken mehlig. Sie werden zu Maisstärke und Maisgrieß verarbeitet.

Wichtig

Vor dem Grillen müssen Maiskolben gegart werden. Man befreit die Maiskolben von den Blättern und den Fäden und gart sie 15 Minuten in Salzwasser. Danach lässt man sie gut abtropfen. Vor dem Grillen bepinselt man sie mit Öl. Wenn sie in Alufolie eingeschlagen werden, kann man sie zusätzlich mit Thymianblättchen bestreuen.

Spinatpolenta (warm)

Zutaten *1/4 l Gemüsebrühe • 4 EL Maisgrieß • 125 g Blattspinat 1/2 fein gehackte Schalotte • 1 fein gehackte Knoblauchzehe • Butter Salz • Pfeffer aus der Mühle • 50 g geriebener Alpkäse, 50 % Fett i.Tr.*

Zubereitung

1 Die Gemüsebrühe aufkochen und den Mais einrieseln lassen. 30 Minuten köcheln lassen, dabei ab und zu umrühren. Den fertigen Maisbrei in eine kleine, feuerfeste Auflaufform füllen. Die Oberfläche glatt streichen und abkühlen lassen.
2 Den Spinat waschen und abtropfen lassen. Die Schalotte und den Knoblauch in etwas erhitzter Butter kurz andünsten. Den Spinat hinzufügen und dünsten, bis er zusammenfällt. Mit Salz und Pfeffer aus der Mühle würzen.
3 Den Spinat auf dem Maisbrei verteilen. Dann den Käse darüber streuen. Im auf 200 °C vorgeheizten Backofen ca. 15 Minuten überbacken.

Maissalat mit Paprika (kalt)

Zutaten *ca. 200 g Maiskörner aus der Dose • je 1 kleine rote und grüne Paprikaschote • 2 EL Olivenöl • 1 EL Rotweinessig • 1 fein gehackte Schalotte • 1 Messerspitze Senf • Salz • Pfeffer aus der Mühle*

Zubereitung

1 Den Mais gut abtropfen lassen. Die Paprikaschoten waschen, halbieren, entkernen und in feine Streifen schneiden.
2 Das Olivenöl mit dem Rotweinessig und den übrigen Zutaten zu einem Dressing verrühren.
3 Die Maiskörner mit dem Paprika locker vermischen und mit dem Dressing anmachen.

Tip Dazu ein Vollkornbrötchen essen.

Essig

Da Essig nichts anderes ist als sauer gewordener Wein, gibt es, seit es den Wein gibt, auch den Essig. Seit Jahrtausenden wird er zum Würzen von Speisen und zum Konservieren von Nahrungsmitteln verwendet.

Herkunft

Essig gab es bereits in allen Ländern, in denen man auch die Kunst des Weinkelterns beherrschte. Ägypter, Assyrer und Babylonier kannten und schätzten ihn, lange bevor es noch andere flüssige Würzzutaten gab.

Unterschiede

Die Vielfalt an im Handel erhältlichen Essigen ist enorm. Es gibt Essig aus Wein, Branntwein und gelegentlich aus Most (wie z. B. Apfelessig). Der Edelste ist echter Weinessig, beispielsweise Rotweinessig oder Weißweinessig. Fehlt auf dem Flaschenetikett das Wort echt, so handelt es sich um Weinessig, der mit Branntweinessig verschnitten wurde. Der Anteil muss aber angegeben sein. Diese Essige sind die Grundlage für viele aromatisierte Essigvarianten. Zu ihnen zählen der Sherryessig, der Balsamessig, der Himbeeressig, der Estragonessig und der Kräuteressig.

Aufbewahrung

Essig sollte man immer gut verschlossen im Küchenschrank aufbewahren.

Eignung

Wofür man welchen Essig verwendet, hängt vom persönlichen Geschmack ab.
Sherryessig bietet sich beispielsweise auch zum Beizen von Fleisch an. Weißweinessig ist milder im Geschmack als Rotweinessig. Himbeeressig schmeckt leicht süßlich. Balsamessig hat einen besonders intensiven Geschmack und eignet sich auch zum Abschmecken von Saucen. Kräuteressige verwendet man in der Regel ausschließlich zum Anmachen von Salaten.

Tip

Fertig gekaufter Weißwein-, Rotwein- oder Obstessig lässt sich ganz einfach mit Kräutern oder Früchten selbst aromatisieren. Dafür muss man beispielsweise Rotweinessig nur ein paar Zweige frischen Thymian zusetzen. Die Flasche wird wieder gut verschlossen. Dann lässt man den Essig ein paar Wochen an einem sonnigen Plätzchen durchziehen und schon ist der Thymianessig fertig. Auf die gleiche Weise andere Kräuteressige zubereiten.

Folienkartoffeln mit Kräutercreme (warm)

Zutaten *2 mittelgroße Kartoffeln • 1 gekochter Maiskolben • Butter 1/2 Becher Crème fraîche • fein gehackte Kräuter • Salz • Pfeffer aus der Mühle*

Zubereitung

1 Die Kartoffeln waschen, trockentupfen und in Alufolie einwickeln. Im auf 225 °C vorgeheizten Backofen ca. 45 Minuten backen.
2 Den Maiskolben mit Butter bepinseln und ebenfalls in Alufolie einschlagen. 25 Minuten vor Ende der Backzeit zu den Kartoffeln in den Ofen legen.
3 Die Crème fraîche mit reichlich Kräutern, Salz und Pfeffer würzen und abschmecken.
4 Die Kartoffeln oben kreuzweise einritzen und aufdrücken. Die Kräutercreme und den Mais dazu essen.

Tip

Außer dem Maiskolben noch anderes in Folie eingeschlagenes Gemüse mitgaren.

Kartoffel-Rucola-Salat (kalt)

Zutaten *250 g in der Schale gegarte fest kochende Kartoffeln 100 ml warme Gemüsebrühe • 1 Bund Rucola • 2 El Sonnenblumenöl 1 EL Weinessig • 1 Messerspitze Senf • Salz • Pfeffer aus der Mühle geröstete Sonnenblumenkerne*

Zubereitung

1 Die Kartoffeln pellen und in Scheiben schneiden. Mit der Gemüsebrühe übergießen und ziehen lassen.
2 Den Rucola kurz überbrausen und trockenschütteln.
3 Das Sonnenblumenöl mit dem Essig, dem Senf, Salz und Pfeffer zu einem Dressing verrühren.
4 Die Kartoffeln und den Rucola locker vermischen und mit dem Dressing anmachen. Zuletzt mit den Sonnenblumenkernen bestreuen.

Pilze

Die Pilze zählen zu den Gemüsen. Generell unterscheidet man zwischen Zucht- und Waldpilzen. Erstgenannte haben bei uns eine wesentlich größere Bedeutung als die im Wald gesammelten.

Herkunft

Die bei uns verkauften Zuchtpilze stammen entweder aus heimischem Anbau oder aus den europäischen Nachbarländern. Das Gleiche gilt auch für die hier angebotenen Waldpilze, deren Saison nur begrenzt ist.

Unterschiede

Zu den Zuchtpilzen zählen der Champignon, der Egerling, der Austernpilz und der Shiitake. Sie sind das ganze Jahr über erhältlich. Speziell die Zucht von Champignons und Egerlingen ist relativ unproblematisch, was sich auch im Preis niederschlägt. Die Zucht von Austernpilzen und Shiitakepilzen hingegen ist kompliziert. Daher sind diese auch wesentlich teurer. Waldpilze sind, mit Ausnahme von Pfifferlingen und Steinpilzen, im Handel selten zu finden. Sie werden in der Regel nur auf Wochenmärkten verkauft. Unter den Zuchtpilzen hat der Shiitake das meiste Aroma und ist am festfleischigsten. Die braunen Egerlinge schmecken etwas aromatischer als Champignons. Austernpilze sind relativ wasserhaltig und werden, bevorzugt mit Kräuteröl bestrichen, gegrillt serviert.

Aufbewahrung

Pilze sollte man möglichst noch am gleichen Tag zubereiten. Ansonsten bewahrt man sie maximal zwei Tage im Gemüsefach des Kühlschranks auf.

Eignung

Pilze eignen sich gebraten oder geröstet als Beilage, zum Verfeinern von Saucen und Suppen, zum Füllen u. v. a. m.

Tip

Pilze möglichst nicht waschen, sondern nur frisch anschneiden und mit Küchenkrepp von anhaftender Erde sowie sonstigen Verunreinigungen befreien.

Wichtig

Selbst gesammelte Waldpilze sollte man immer von einer Fachkraft der Pilzsammelstelle auf ungenießbare oder gar giftige Exemplare untersuchen lassen. Denn eine Verwechslung kann tödliche Folgen haben. Der Wiesenchampignon und der giftige Knollenblätterpilz sehen beispielsweise fast gleich aus.

Geröstete Pilze auf Vollkornbrot (warm)

Zutaten *200 g Pilze, z. B. Pfifferlinge oder Shiitakepilze • 1 fein gehackte Schalotte • 1 fein gehackte Knoblauchzehe • Butter • Salz • Pfeffer aus der Mühle • fein gehackte Petersilie • 2 Scheiben Vollkornbrot*

Zubereitung

1 Die Pilze mit Küchenkrepp säubern, halbieren oder vierteln. Die Schalotte und den Knoblauch in etwas erhitzter Butter kurz andünsten.
2 Die Pilze hinzufügen und mitdünsten, bis die sich bildende Flüssigkeit verdampft ist.
3 Mit Salz, Pfeffer und reichlich Petersilie würzen.
4 Die Brotscheiben in etwas erhitzter Butter auf beiden Seiten goldbraun rösten. Anschließend die Pilze darauf anrichten.

Tip

Dazu schmecken gemischte Blattsalate wie z. B. Radicchio, Eisbergsalat und Batavia mit einem Essig-Öl-Dressing ganz besonders gut.

Avocadobrot (kalt)

Zutaten *1/2 reife Avocado • Zitronensaft • 1 EL Crème fraîche • Salz Pfeffer aus der Mühle • 2 Scheiben Mehrkornbrot*

Zubereitung

1 Das Avocadofleisch mit einer Gabel zerdrücken. Den Zitronensaft und die Crème fraîche untermischen. Mit Salz und Pfeffer würzen und abschmecken.
2 1 Scheibe Brot mit dem Avocadomus bestreichen. Mit der zweiten Scheibe zudecken und halbieren.

Tip

Nach Geschmack noch ein paar Tropfen Tabasco und etwas ganz fein gewürfeltes Tomatenfleisch ohne Haut unter das Avocadomus rühren. Dazu einen Sprossensalat mit einem Essig-Öl-Dressing essen.

Schnittlauch

Der Schnittlauch zählt wie die Zwiebel, der Knoblauch und der Bärlauch zu den Zwiebelgewächsen. Schnittlauch ist das ganze Jahr über erhältlich und besonders beliebt.

Herkunft

Der bei uns angebotene Schnittlauch stammt in der Regel aus heimischem Anbau oder aus europäischen Nachbarländern.

Unterschiede

Wie fast alle Kräuter gibt es auch Schnittlauch aus dem Treibhaus und als Freilandware. Schnittlauch aus dem Unterglasanbau ist wesentlich heller in der Farbe, hat zartere Halme und schmeckt nicht so intensiv wie Freilandschnittlauch. Typisch ist sein zwiebel- bis knoblauchähnliches würziges Aroma.

Aufbewahrung

Schnittlauch wird mit Wasser besprüht und in einer locker verschlossenen Plastiktüte in einem Gemüsefach des Kühlschranks aufbewahrt. Innerhalb von zwei bis drei Tagen sollte man ihn verbrauchen. Am besten hält sich Schnittlauch in einem Töpfchen auf einer halbschattigen Fensterbank. Wichtig: Reichlich gießen.

Eignung

Der Schnittlauch ist vielseitig verwendbar. Er passt zu Salaten, Eiergerichten, pikanten Quarkmischungen, ist ideal zur Verfeinerung von Kräuterbutter und kann über Salzkartoffeln sowie Suppen gestreut werden.

Wichtig

Schnittlauch sollte man möglichst nicht miterhitzen, sondern immer frisch über die Gerichte streuen. Zum Schneiden der Halme in Röllchen verwendet man am besten eine Schere.

Bärlauch

Der Bärlauch zählt ebenfalls zu den Zwiebelgewächsen. Seine Blätter erinnern an die von Maiglöckchen. Man findet Bärlauch wildwachsend in den Wäldern. Sein Geschmack ähnelt dem von Schnittlauch. Man kann ihn sowohl roh verwenden als auch mitgaren.

Eignung

Bärlauch passt fein geschnitten in Essig-Öl-Dressings und als Salatpflanze in eine Blattsalatmischung sowie zu Löwenzahn. Auch Risotto- und Pastagerichte lassen sich mit Bärlauch gut verfeinern.

Tomatentoast (warm)

Zutaten *2 Scheiben Vollkorntoast • Butter • ein paar Kirschtomaten Salz • Pfeffer aus der Mühle • 2 Scheiben Gouda, 48% Fett i.Tr. Schnittlauchröllchen oder Basilikumblätter*

Zubereitung

1 Die Toastbrotscheiben rösten und dünn mit Butter bestreichen.
2 Die Kirschtomaten halbieren. Die Toastbrotscheiben damit belegen. Mit wenig Salz und Pfeffer würzen.
3 Je eine Scheibe Käse darauf legen und unter dem vorgeheizten Grill überbacken, bis der Käse schmilzt. Mit Schnittlauchröllchen oder fein gezupftem Basilikum bestreuen.

Tip

Die Toastbrotscheiben durch 1 Mini-Vollkornbaguette ersetzen. Als Getränk passt zu diesem Toast am besten 1 großes Glas Tomatensaft.

Gurkenbrot (kalt)

Zutaten *2 Scheiben Mehrkornbrot • 50 g Doppelrahmfrischkäse, 60% Fett i.Tr. • 1 Stück Salatgurke • Salz • Pfeffer aus der Mühle Schnittlauchröllchen*

Zubereitung

1 Die Brotscheiben mit dem Doppelrahmfrischkäse bestreichen.
2 Die Gurke in dünne Scheiben schneiden. Auf den bestrichenen Brotscheiben verteilen.
3 Mit wenig Salz würzen und mit Pfeffer übermahlen. Zuletzt mit Schnittlauchröllchen bestreuen.

Tip

Anstelle der Gurke 1 Hand voll geputzte Radieschen in Scheiben schneiden und die Brote damit belegen. Oder die Brote mit Schnittlauchröllchen bestreuen.

Thymian

Er wird auch römischer Quendel genannt. Thymian ist gleichermaßen Küchenkraut und Heilpflanze und das ganze Jahr über frisch und getrocknet sowie gerebelt erhältlich.

Herkunft

Thymian stammt ursprünglich aus Südeuropa. Inzwischen wird er auch bei uns und in vielen anderen nicht mediterranen Ländern angebaut. Neben Rosmarin zählt er zu den wichtigsten Kräutern der italienischen und französischen Küche.

Unterschiede

Neben dem gewöhnlichen Thymian ist bei uns auch der Zitronenthymian erhältlich. Es gibt jedoch noch diverse wild wachsende Thymianarten. Gewöhnlicher Thymian schmeckt kräftig. Zitronenthymian hat ein intensives Zitronenaroma. Man erntet ihn kurz vor der Blüte. Thymian enthält wertvolle ätherische Öle, vor allem Thymol, die antiseptisch wirken. Er wird daher auch zur Herstellung von Zahnpasten, Badezusätzen u. Ä. verwendet. Aufgrund seiner konservierenden Wirkung nimmt man Thymian gerne zur Pasteten- und Wurstproduktion.

Aufbewahrung

Thymian sollte man möglichst frisch verwenden oder zu Kräutersträußchen binden und trocknen. Am besten hält sich Thymian in einem Töpfchen auf einer sonnigen Fenstbank. Wichtig: Nur wenig gießen.

Eignung

Thymian eignet sich für alle mediterranen Gerichte sowie zum Aromatisieren von Öl und Essig.

Wichtig

Getrockneter Thymian schmeckt dreimal aromatischer als frischer. Daher vorsichtig würzen.

Rosmarin

Wie Thymian ist auch Rosmarin Küchenkraut und Heilpflanze zugleich. Rosmarin findet man im Mittelmeerraum wild wachsend. Je nach Sorte hat die Pflanze weiße, hellblaue oder hellrosa Blüten. Rosmarin ist ein immergrünes Gewächs. Zum Würzen verwendet man die »Nadeln« der Pflanze. Sie werden entweder ganz oder fein gehackt mitgegart.

Eignung

Rosmarin eignet sich besonders gut für Lamm-, Geflügel-, Fisch- und Kartoffelgerichte.

Ratatouille mit Vollkorncroûtons (warm)

Zutaten *1 rote Paprikaschote • 1 Zucchini • 1 große festfleischige Tomate, z. B. Fleischtomate • 2 fein gehackte Knoblauchzehen Olivenöl • Salz • Pfeffer aus der Mühle • Thymianblättchen Tomatensaft • 2 Scheiben Vollkorntoast*

Zubereitung

1 Das Gemüse putzen und waschen. Die Paprikaschote in Rauten, die Zucchini in Scheiben schneiden. Die Tomate würfeln.
2 Den Knoblauch in erhitztem Olivenöl kurz andünsten. Das Gemüse hinzufügen und mitdünsten. Mit wenig Salz und Pfeffer würzen. Etwas Tomatensaft hinzufügen und das Gemüse ca. 15 Minuten köcheln lassen.
3 Die Vollkorntoastscheiben in Würfel schneiden und in etwas erhitztem Olivenöl rundum rösten, dabei eventuell fein gehackten Knoblauch hinzufügen. Zuletzt unter die Ratatouille mischen.

Tip

Nach Wunsch noch eine kleine Aubergine mitgaren.

Paprikaschoten mit Frischkäsefüllung (kalt)

Zutaten *2 kleine rote Paprikaschoten • 2 Tomaten • 100 g Doppelrahmfrischkäse, 60 % Fett i.Tr. • Salz • Pfeffer aus der Mühle • Basilikumblätter*

Zubereitung

1 Die Paprikaschoten waschen. Einen Deckel abschneiden. Dann die Kerne entfernen. Die Tomaten kurz in heißes Wasser tauchen, enthäuten, halbieren, entkernen und fein würfeln.
2 Unter den Doppelrahmfrischkäse die Tomatenwürfelchen mischen. Eventuell etwas Milch hinzufügen. Mit Salz, Pfeffer und fein gezupftem Basilikum würzen.
3 Die Tomatencreme in die Paprikaschoten füllen.

Über die Autorin

Heike Knophius studierte Ernährungswissenschaften. Als selbstständige Fachjournalistin schreibt sie über moderne Ernährung und entwickelt neue Rezepte und Diäten.

Anmerkung der Redaktion

Sie haben es sicher gemerkt, dass wir diesem Buch die neuen amtlichen Rechtschreibregeln zu Grunde/zugrunde gelegt haben.

Hinweis

Das vorliegende Buch ist sorgfältig erarbeitet worden. Dennoch erfolgen alle Angaben ohne Gewähr. Weder Autorin noch Verlag können für eventuelle Nachteile oder Schäden, die aus den im Buch gemachten praktischen Hinweisen resultieren, eine Haftung übernehmen.

Bildnachweis

Alle Bilder stammen von Südwest Verlag, München © (Karl Newedel)

Impressum

Redaktion:
Susanne Garte
Redaktionsleitung und medizinische Fachberatung:
Dr. med. Christiane Lentz
Bildredaktion:
Sabine Kestler
Produktion:
Manfred Metzger
Umschlag:
Till Eiden
Layout:
Klaus Lutsch
Satz/DTP:
Mihriye Yücel

Printed in Italy

Gedruckt auf chlor- und säurefreiem Papier

ISBN 3-517-07514-0

Rezepteregister

(e) = eiweißreich, (k) = kohlenhydratreich

Sachregister